Santo também come

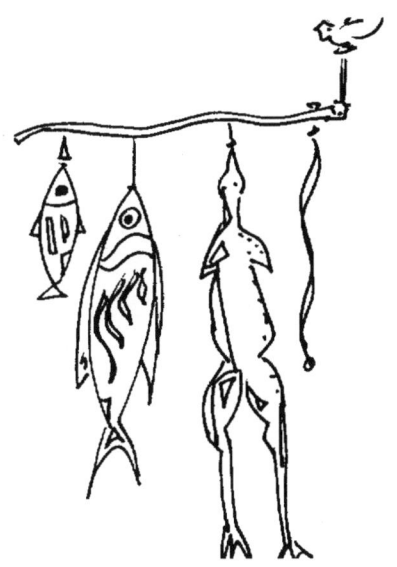

Raul Lody

Santo também come

2ª edição
1ª reimpressão

Rio de Janeiro
2012

Copyright © 1998,
by Raul Lody

Editor:
Cristina Fernandes Warth

Coodenação Editorial:
Heloísa Brown

Copydesk:
Gisele Barreto Sampaio

Revisão Tipográfica:
Wendell S. Setúbal
Ieda Raro Schmidt
Heloísa Brown

Projeto Gráfico e Editoração Eletrônica:
Trovatto Design

Foto de Capa:
Célia Aguiar

Fotolito de Capa:
Beni

CIP-BRASIL. CATALOGAÇÃO-NA-FONTE.
SINDICATO NACIONAL DOS EDITORES DE LIVROS. RJ.

L811s	Lody, Raul, 1951-
2ª ed.	Santo também come / Raul Lody; [ilustrações Raul Lody]
1ª reimpr.	— 2ª ed. — Rio de Janeiro: Pallas. 2012.
	Inclui bibliografia
	ISBN 978-85-347-0164-8
	I. Culinária — Aspectos religiosos — Candomblé. I. Título.
98-0511	CDD 641.567967
	CDU 641.5:299.6

Pallas Editora e Distribuidora Ltda.
Rua Frederico de Albuquerque, 56 – Higienópolis
CEP 21050-840 – Rio de Janeiro – RJ
Tel./ Fax: (021)2270-0186
Homepage: http://www.pallaseditora.com.br
E-mail: pallas@pallaseditora.com.br

Sumário

Prefácio da 1ª Edição – Gilberto Freyre 9
Prefácio da 2ª Edição – Maria Stella de Azevedo 17
Exu é o Primeiro a Comer 21
Alimentação e Identidade 23
Tudo Come e de Tudo se Come: Em Torno do
Conceito de Comer nas Religiões Afro-Brasileiras 25
À Mesa dos Deuses Comem os Orixás, Voduns, Inquices 31
Ajeum 35
Cozinha. Espaço Sagrado dos Quitutes dos Deuses 38
Utensílios do Fazer Culinário 42
Os Pratos de Nanã: A Comida dos Filhos é a Comida
dos Ancestrais 50
Bebidas Rituais 54
Cento e Cinqüenta Alimentos dos Terreiros 59
Animais do Sacrifício 91
A Comida dos Inquices 96
O Tabuleiro das Vendedeiras de Rua 100
Caruru dos Ibejis 104
Olubajé 109
Comida de Tempo 112
Inhame Novo. Pilão de Oxaguiã 116
Ebô de Oxalá 119
Lorogun 122
A Xangozeira no Mercado do Recife 126
Nochê Sepazim: Um Ritual Divino 132
Arrambam: A Festa das Frutas 137
No Terreiro de Pai Adão 141
Culto Doméstico e Alimentação Ritual 148
Bibliografia 154

Prefácio
1ª edição

Seguindo "o critério da análise comparacional, situando o objeto da pesquisa num conjunto motivacional de tradicionalidade e funcionalidade", Raul Giovanni da Motta Lody acaba de realizar valiosa pesquisa de campo, abrangentemente sóciocultural, sobre "a alimentação cerimonial em terreiros afro-brasileiros". Pesquisa que, assim sistemática, estava faltando aos estudos africanológicos no Brasil.

É provável que o abuso, na apresentação da pesquisa, de adjetivos em "al", dê a essa apresentação toques de trabalho escrito em antropologês. Esses toques, porém, não se acentuam no decorrer do relato, pelo idôneo pesquisador, de quanto colheu sobre assunto tão aliciante. De quanto colheu em diferentes cidades brasileiras marcadas por presenças africanas: Salvador, Rio de Janeiro, Aracaju, Maceió, Recife, São Luís do Maranhão. De quanto conseguiu recolher de "cozinheiros de terreiro, vendedores de rua, adeptos dos cultos afro-brasileiros" por meio de uma pesquisa de campo "vivida, sentida e provada, incluindo-se a ingestão de muitos alimentos...". Nem outra característica pode assumir a verdadeira pesquisa de campo senão esta: a de inteira imersão do pesquisador na matéria que aborda.

Tratando-se de pesquisa sobre alimentação ritual de terreiros – alimentação que, ao caráter sagrado, junta alguma coisa de sensual nos gostos e nos cheiros – a identificação do pesquisador com o objeto da pesquisa ou ocorre ou o estudo será simples esforço abstrato de quem flutuou sobre esse objeto. Flutuação em vez de imersão.

Como observa de início Raul Giovanni da Motta Lody, "a unidade e o sentido social dos terreiros têm nos alimentos comunitários verdadeiros prolongamentos das alimentações secretas dos pejis, quando os deuses satisfazem seus desejos de dendê, mel, carnes, farinhas, frutas, *bejerecum*, *iru*, cozimentos e papas." Mais: "É por meio da alimentação comum dos deuses e seus crentes que o culto tem assegurada sua sobrevivência." Por aí se vê o quanto são profundos os significados sagrados da culinária ritual dos terreiros afro-brasileiros. Sua importância mística.

Também a extensa pesquisa de campo, de que agora aparecem os resultados, em livro interessantíssimo, mostra que a essa cozinha ritual não falta, no Brasil marcado por presenças africanas, variedade regional dentro de uma unidade pan-afro-brasileira. Muito se enganaria quem supusesse que a cozinha afro-baiana ritual monopoliza os pratos rituais afro-brasileiros. Uma das surpreendentes revelações da pesquisa realizada por Lody é mostrar, contra a crença geral nesse quase monopólio baiano, ser o Maranhão "detentor de vasto receituário gastronômico (afro-brasileiro)" e, como tal, de "alto significado etnográfico...". Neste particular, como em vários, a Bahia, pela muita repercussão de seus valores afro-brasileiros, abafa os de outras províncias e regiões brasileiras, às quais não faltam artes, mitos, complexos rivais dos afro-baianos. Outro exemplo, além do maranhense, seria, no setor da culinária ritual afro-brasileira, o do vulto das "influências das ervas e favas" nas casas de Xangô de Pernambuco, Alagoas e Sergipe, estados que, no mesmo setor, parecem vir constituindo um conjunto afro-brasileiro nitidamente diferenciado, no Nordeste do Brasil, tanto do baiano como do maranhense; e os dois, em certos particulares, diferenciados ao modo de cada um, das origens africanas. Por meio do estudo específico de cada um desses conjuntos e, também, do constituído pelo Rio de Janeiro, a abrangente pesquisa de Lody chega a nos apresentar um quadro quase completo da gastronomia ritual afro-brasileira. Quase completo por lhe faltar estudo igualmente específico de área mineira, com a sua impressionante riqueza de símbolos, de tabus e do que o lúcido pesquisador denominaria "injunções". É por meio da consideração do complexo sóciocultural afro-brasileiro total, formado no Brasil por esses conjuntos, que o pesquisador Lody conclui da "alimentação pública e comum nos terreiros" constituir sempre, além do elo "socializante", expressão de "fortes preceitos religiosos". Por conseguinte, pode-se considerar a cozinha "um espaço de culto tão significativo como o peji".

À pesquisa de Lody não faltam minúcias sobre o assunto pesquisado que talvez sejam apresentadas em livro pela primeira vez. Os "cento e cinqüenta alimentos dos terreiros", por exemplo: cada um deles identificado e descrito.

Tampouco lhe faltam constatações só possíveis à base de pesquisa realizada tão em extensão e tão em profundidade. Exemplo: a grande influência iorubana presente nas alimentações votivas, todas elas com sentidos próprios. Mais: a penetração profana em algumas das tradicionais festas culinárias afro-brasileiras.

Atraíram-me a atenção de amigo, que fui, do babalorixá Adão, do Recife, as páginas a ele dedicadas pelo pesquisador Raul Giovanni da Motta Lody, destacando-se de Adão ter dirigido "importante reduto dos costumes afro-brasileiros do Recife", ou, mais precisamente, "reduto de tradições voltadas ao culto dos orixás, adquirindo as divindades nesse terreiro características específicas e muitas cerimônias e situações próprias". Sugere ter havido em Adão o que naquele famoso babalorixá e meu amigo sempre me impressionou: o conteúdo fortemente brasileiro, nacionalmente brasileiro, do seu afro-brasileirismo. Do que sei a respeito, Adão, em vez de considerar-se um inovador, que tivesse desenvolvido originalidades de culto, tinha-se na conta – à base de ter ido, quando jovem, do Recife para Lagos, a fim de, durante anos, como que formar-se ou doutorar-se em teologia ou em religião, numa, para ele, Santa Roma de sua crença, que era a africana Lagos – do único ortodoxo desse culto no Nordeste de sua época. Só admitia como seu exato confrade o babalorixá Martiniano, da Bahia. Isto mesmo acentuou na carta em que, por volta do ano 1928, apresentou-se a Martiniano. Um Martiniano que eu verificaria, em nosso encontro em Salvador, ter por Adão o mais fraterno afeto.

É certo, entretanto, ter Adão me comunicado, numa das nossas muitas conversas, na sua casa do Fundão, que não se considerava negro africano, porém, de todo, brasileiro. O *conteúdo* diferenciador a contradizer a *forma* ortodoxa. Nunca – acentuava-me – conseguira, em Lagos, reintegrar-se nos costumes africanos, ou desabrasileirar-se, embora tivesse aprendido nagô e, no setor teológico, se inteirado do culto dos orixás na sua completa pureza. É possível, assim, que sendo tão fiel à sua condição de brasileiro, tivesse abrasileirado na substância, dentro dos ritos ligados a esse culto, o que lhe parecesse à parte daquela pureza teológica e como que flexivelmente sociológica, além de susceptível de abrasileirar-se em sabores e odores equivalentes dos africanos.

Adão era homem não só de notável inteligência como admirável pela sua correção de atitudes. Tendo adquirido em Pernambuco, ou no Nordeste, um prestígio nem de longe igualado por outro babalorixá, quer nos seus dias, quer depois de sua morte – seu enterro foi um acontecimento recifense –, nunca abusou desse prestígio, para à sombra dele enriquecer-se – como poderia ter enriquecido – ou para negociá-lo como poderia ter negociado – em termos eleitorais.

Se foi o "mantenedor de costumes e práticas cercadas de sigilos, tabus e votos de fé", a que se refere Lody, apoiado em informes de seus sucessores, esses sigilos e esses tabus eram parte do seu escrúpulo em preservar a pureza do culto do qual fora sagrado sacerdote em Lagos. Posso testemunhar que, aos ágapes em sua casa, não admitia senão pessoas – como tive o gosto de me tornar – de sua inteira amizade, além de confiança absoluta. Uma amizade e uma confiança que não estendeu – injustiça de sua parte – àquele admirável Ulysses pernambucano a quem se deve o início, em Pernambuco, de nova atitude, da parte do governo, para com Xangôs. Sei o quanto era objeto de seu desvelo ortodoxo a "alimentação votiva de Olôfin", dia de Natal. E quantos escrúpulos punha no preparo de alimentos sagrados ligados a essa e a outras ocasiões. Se como à sua mesa – sem me utilizar de garfo e faca – e participei de alimentos a que não se admitiam estranhos, é que, segundo aquela "escolha de amigo", característica de várias sociedades negras africanas – instituição estudada por Herskovitz –, eu fora por Adão escolhido para seu especial amigo e, como tal, poder participar de certos alimentos postos à sua mesa fora da vista de estranhos: na sua intimidade de patriarca. Um patriarca muito de sua família. E que, quer como homem de família, quer como babalorixá, resguardava-se de turistas e de curiosos, até mesmo de repórteres.

Tanto que, nas cerimônias de cultos com música e danças rituais, ele só aparecia já de madrugada: quase que só presentes os iniciados. Dançava, então, ele próprio, no meio de uma grande reverência religiosa de todos. Mas a sua dança não era apenas impressionante pela expressão religiosa. Também pela sua estética. Alto, grandão, já – quando o conheci – sessentão, de repente tornava-se surpreendentemente jovem. Ágil. Quase o que deveria ser Nijinski, se africano e babalorixá. Assombroso Adão na dança ritual. Pelo que escrevi um pequeno poema sobre o dançarino sacro que mais de uma vez vi dançar como se fosse um elfo. Registra Lody a "vasta e farta culinária desenvolvida no terreiro de pai Adão", pormenorizando ter parte dela já penetrado – dessacralizada, é claro, mas com seus gostos e odores característicos – em cardápios profanos. O que terá acontecido a outros quitutes – isto é, de outras culinárias – de cerimônias ou rituais de terreiros afro-brasileiros. Recordarei que ao organizarmos no Recife, em 1934, o primeiro Congresso Afro-Brasileiro reunido no Brasil, um dos meus cuidados foi este: a culinária. Quer a culinária cerimonial ou religiosa, quer a dessacralizada. Dos anais do referido Congresso – um volume publicado por Ariel, outro pelo Editora Nacional – constam receitas de quitutes afro-brasileiros, até então, de todos desconhecidos. Uma dessas receitas, se bem me lembro, fornecida pessoalmente por Adão. Um Adão muito presente no que aprendi de coisas e de mistérios afro-brasileiros. Até mesmo com ele aprendi que tanto quanto Martiniano do Bonfim – seu amigo baiano – Adão foi, como babalorixá, um brasileiro de origem africana, formado em teologia em Lagos – onde adquiriu o comando de mais de uma língua da África – que, entretanto, nunca deixou de sentir-se brasileiro. De modo algum foi ele – acentue-se sempre – negro brasileiro. Brasileiro de origem africana, sim. Negro brasileiro, mil vezes, não. Ele próprio me disse, certa vez, ter se sentido sempre entre africanos – sua permanência na África foi de algum tempo e não borboleteantemente turística – um estranho. Um saudoso do Brasil.

O que nos leva ao problema do abrasileiramento de inspirações e de ritos religiosos africanos – até mesmo a culinária cerimonial dos terreiros – e do seu afastamento, em suas expressões, de rígidas ortodoxias africanas. Fato, aliás, reconhecido pelo perspicaz pesquisador que é Raul Giovanni da Motta Lody quando, quase ao concluir o excelente estudo que é *Santo também come*, observa os cultos domésticos e a alimentação ritual dos santos afro-brasileiros que desempenham a função de "perpetuar a crença" que cada vez mais estaria se transformando, isto é, se abrasileirando, por meio da adequação de seus valores africanos a circunstâncias brasileiras e a dinamização de seus conceitos, em face dessas circunstâncias. Daí procurar Lody, em cultos e em ritos ligados à alimentação tribal, seja funcional e necessitado de tais adequações. Nem outro vem sendo o processo de abrasileiramento de valores e de ritos católicos a circunstâncias ou ecologias brasileiras, sem que, com tais modificações, venham sofrendo as ortodoxias originárias perdas dos seus essenciais. Modificações existenciais.

Lembro-me do babalorixá Adão – com quem tanto privei – como de um ortodoxo no seu modo essencial de ser religioso que se sentisse com o direito de abrasileirar ou situacionar o que fosse existencial em valores e ritos que, desligados de suas origens, devessem, no Brasil, adquirir aspectos existencialmente brasileiros, tal como ele, Adão, já brasileiro, se tornara um homem afetado por odores, sabores, sons, formas de paisagens, vozes, ritmos, diferentes dos africanos. Tão afetado, modificado, transformado por eles, que não admitia seu regresso permanente à África, sentindo-se, como babalorixá, livre para deixar que, em valores e ritos – até mesmo os de alimentação de santos pelos quais era sacerdotalmente responsável –, houvesse substituições de africanismos por brasileirismos.

A ser exata a interpretação, que aqui se sugere, do modo flexível do babalorixá Adão ter sido transafricano em vez de sempre rígido na sua africanidade ou na sua negritude religiosa, toca-se em assunto de não pouca importância para a sociologia da religião, quando se trata de valores e de ritos. Babalorixás, como Adão, procedendo, nesse setor, ecológica ou situacionalmente, terão se antecipado à recente política da Igreja Católica em espaços não-europeus, nos quais vem sendo crescente a adaptação do essencial, nos cultos e nas práticas católicas, a tradições ou constantes não-européias. As de música, por exemplo.

Santo também come, de Raul Giovanni da Motta Lody, é pesquisa de antropologia cultural que nos leva a considerar problemas de sociologia da religião. Uma sociologia que, quase sempre, vem se desenvolvendo à base, principalmente, do que se tem estudado, e se continua a estudar, de religiões de todo eruditas. Sem se atentar em exemplos oferecidos pelas menos eruditas e menos telúricas.

Insisto aqui em que, do meu convívio com o babalorixá Adão, ficou-me a impressão predominante de ter ele representado, no setor religioso afro-brasileiro – até mesmo no seu modo litúrgico de valorizar a culinária ritual, admitindo, entretanto, nela, presenças tropicais brasileiras – a superação da condição racial (africana negra) pela cultural (africana abrasileirada). Nunca surpreendi nele qualquer veemência quanto à primeira condição, enquanto, mais de uma vez, vi-o revelar-se brasileiro de tal modo identificado com a miscigenação brasileira que chegou a me confidenciar – repita-se o registro do episódio – que, a certa altura, em sua estada na África, não pudera "tolerar mais aqueles negros". Era o Brasil a chamá-lo a si por motivos evidentemente culturais a se sobreporem aos puramente raciais. Uma atitude, a desse tão importante babalorixá, que talvez explique alterações religiosas por ele, ou com a sua bênção, como que episcopal, ou canônica, investidas de certo ânimo já brasileiramente transafricano.

Registre-se neste comentário ao tão interessante trabalho do pesquisador Lody sobre "comidas de santos" que o assunto foi versado já pelo professor Waldemir Cordeiro de Jesus Coelho de Aragão, da Universidade Federal Rural de Pernambuco, em comunicação – "A comida de santo na dinâmica do terreiro" – apresentada à XI Reunião Brasileira de Antropologia, realizada no Recife, de 7 a 9 de maio de 1978. Consta de dados colhidos, ao que parece, tão somente no chamado Grande Recife: sem a amplitude do estudo do pesquisador Lody. Destaca o professor Coelho da "comida de santo" propriamente dita a sua sacralidade: aspecto da matéria que o estudo do pesquisador Lody esclarece de modo amplo, à base de observações recolhidas em terreiros dos mais representativamente brasileiros, por meio das várias regiões em que estão situadas suas sedes. De ingredientes da cultura afro-brasileira ligados a ritos religiosos, ocupa-se magistralmente mestre René Ribeiro em seu *Cultos Afro-Brasileiros do Recife*, cuja nova edição – segunda – acaba de ser publicada pelo Instituto Joaquim Nabuco de Pesquisas Sociais. Quanto ao que possa haver de sincretismo à margem do assunto, será oportuno ler-se o pronunciamento de outro mestre, este ainda jovem e já provecto: o antropólogo-sociólogo Roberto Mota no lúcido prefácio ao referido *Cultos Afro-Brasileiros do Recife*.

Gilberto Freyre
Junho de 1978.

Prefácio
2ª edição

A dinâmica de comer e beber no Candomblé transcende a ação biológica e se constitui na principal maneira de renovar e estabelecer o axé.

Comer equivale a viver, a manter, preservar, iniciar, comunicar, reforçar memórias individuais e coletivas. Comer é uma maneira de se comunicar com o orixá e de fortalecer a troca de axé.

Sem dúvida, no Candomblé tudo começa na cozinha e nada pode ser comparado à energia que emana das oferendas aos orixás. Logo após o ritual de entrega, o axé se expande para a sala, para o barracão, para as casas, para a cidade. A cozinha é, portanto, o grande laboratório sagrado onde o saber fazer, a fé, o respeito e a beleza plástica se encontram para o encanto das divindades.

Tudo isto Raul Lody expõe em seu livro *Santo também come*, na sua 2ª edição. Com seu espírito investigador e feliz inspiração o autor fala das características de cada orixá. Inquices e voduns do seu ambiente propício, incluindo também os ancestrais. Relembra os animais consagrados para oferendas, rituais e suas relações com as divindades africanas; nos faz compreender o simbolismo que reforça o panorama mitológico e as próprias organizações religiosas.

Lody considera que a arte de preparar, comer e servir no Candomblé faz parte de um ritual que deve ser respeitado em todas as suas etapas, uma vez que estamos lidando com força vital. Assim é que todos os participantes para tais misteres são necessariamente portadores de técnica, respeito e sabedoria.

Significativa é a maneira como o autor se dedica à classificação de alimentos sólidos e líquidos, vasilhames adequados para cozinhar e oferecer às entidades e à comunidade em geral. Daí é que, segundo Lody, comer também é um ato socializador. E para nos deliciar encontramos neste livro uma série de receitas, cuidadosamente elaboradas, mesmo porque foram buscadas na fonte. Não foi esquecido nem mesmo o caruru de São Cosme e Santa Bárbara.

Vamos ler, nos reciclar, aproveitando a oportunidade que o pesquisador nos oferece. Comer é viver. Comer corretamente é ser eterno.

Maria Stella de Azevedo

Exu é o Primeiro a Comer

Diz a lenda que Exu foi cozinheiro dos orixás, e que principalmente Ogum e Xangô, por serem muito exigentes, só comiam com muita pimenta e molhos especialmente preparados pelo mestre dos temperos dos deuses. Um dia, os orixás estavam com muita fome e pediam insistentemente que Exu trouxesse a grande panela que habitualmente seria o repasto. Nisso, Exu esquece a pimenta, porque não teve tempo de ir até o mercado para a compra, por isso recebe reclamação, especialmente de Xangô, dizendo:

– Exu, pegue o meu cavalo e vá providenciar a pimenta, pois, assim, sem o molho, eu não como – nisso, Exu sai correndo à busca de pimenta, para atender à vontade do seu companheiro Xangô.

Enquanto Exu saía, preocupado, para buscar o tempero, todos os orixás começaram a se servir da gostosa comida, então Xangô sugeriu que, após a alimentação, a grande panela fosse preenchida com água e que nada fosse relatado, fazendo com que Exu ficasse pensando que os orixás ainda estavam com fome, aguardando a pimenta.

Chega Exu, trazendo a pimenta, e vai até a cozinha para preparar o molho tão desejado por Xangô. Volta e encontra a grande panela cheia de água, e constata que os orixás já haviam comido. Exu fica indignado, jogando tudo no chão, e sentencia: a partir daquele momento, ele, Exu, seria o primeiro orixá a comer, e sem a comida de Exu nada poderia acontecer no plano dos deuses e no plano dos homens. Por isso, todas as cerimônias dos Candomblés e Xangôs são iniciadas com o padê de Exu, que consta de farofa-de-dendê, farofa com água, acaçá e de uma quartinha contendo água.
(Lenda recolhida no terreiro Obá Ogunté – Seita africana Obaoumin, em Recife.)

Alimentação e Identidade

Inegavelmente, é no terreiro, na comunidade religiosa, local dos costumes e preceitos dos deuses africanos, que os processos de mudanças encontram suas defesas, algumas mais rígidas graças ao sentido de unidade, de culto, elo de fé, congregados pela Nação, pela união de tradições culturais que hoje ainda sentimos e observamos, significativos momentos de *africanidades* que preservam identidades e que se adaptam aos diferentes contextos.

A variedade de formas das religiões afro-brasileiras, o dinamismo cultural e a oralidade, como veículos de transmissão dos conhecimentos, levaram a muitas transformações também abertas ao subjetivismo dos praticantes, à moda, à multimídia e a essa mundialização da cultura.

Fator determinante para a união e a preservação das ações dos deuses é a alimentação sagrada. Os muitos pratos que constituem o cardápio votivo possibilitam o reconhecimento, o conhecimento das peculiaridades das divindades e de como agradá-las, mantendo, assim, a vida religiosa.

Os muitos procedimentos artesanais da cozinha sagrada, os detalhes e a sofisticação, dão qualidades especiais a cada prato, individualidade, forma, estética, sabor, sentidos simbólico e nutricional aos alimentos.

A unidade e o sentido social dos terreiros têm nos alimentos comunitários verdadeiros prolongamentos das alimentações secretas dos pejis, quando os deuses satisfazem seus desejos de dendê, mel, carnes, farinhas, frutas, *pejerucum*, *bejerecum*, *iru*, cozimentos, frituras e papas.

É por meio da alimentação comum dos deuses e de seus adeptos que as religiões têm assegurada a sua sobrevivência.

Os terreiros são ótimos locais de fé, de festa e, principalmente, para se comer.

Comem os deuses e, principalmente, comem os homens.

Terreiro, bom de comer. Todo axé come.

Tudo Come e de Tudo se Come: Em Torno do Conceito de Comer nas Religiões Afro-Brasileiras

A boca do homem é um espaço culturalmente sacralizado e indicado para receber a comida. Aí se inicia um processamento palatável, que é precedido pelo visual, pelo olfativo, formando estéticas próprias para a compreensão dos alimentos. O alimentar-se implica um ato biológico e também social e cultural. A convencionalidade de comer nasce da necessidade de nutrição e de sobrevivência, o que não retira significados simbólicos próprios de cada prato, tipos de ingredientes, locais de feitura e de oferecimento. O ritual de comer sinaliza um dos mais marcantes momentos das diferenças étnicas e profundamente antropológicas.

É amplo o conceito de comer, até mesmo com os olhos. Comer com os olhos apresenta o desejo, manifestado por certa voracidade, precedente do comer na atitude mais formal, com a boca. As sensações do olfato, a emoção e a visão da comida são componentes que integram e predispõem o indivíduo e seu grupo a interpretar e a se inteirar da comida, para, em seguida, comê-la. Assim, o corpo inteiro está pronto para comer. Comer fisicamente e comer espiritualmente, comer emblematicamente. A comida é, antes de tudo, um dos mais importantes marcos de uma cultura, de uma civilização, de um momento histórico, de um momento social, de um momento econômico.

Todos os sentidos são chamados para comer. Todos os códigos visuais, térmicos e olfativos funcionam diante da relação homem/comida. Come-se por inteiro, com o corpo, com a ética, com a moral, com todos os códigos próprios do grupo e do estatuto social de que o indivíduo faz parte. E, assim, a comida intera-se, estabelece-se nas relações mais profundas entre o homem e a cultura.

Nos terreiros, especialmente nos de Candomblés, Xangô e Mina, a comida ganha dimensão valorativa, sendo entendido o alimento do corpo e também do espírito. Comer, nos terreiros, é estabelecer vínculos e processos de comunicação entre homens, deuses, antepassados e a natureza.

Não há gratuidade na elaboração de uma comida em âmbito sócio-religioso. Cada ingrediente, as combinações de ingredientes, os processos do fazer e do servir assumem diferentes significados, todos integrantes do sofisticado sistema de poder e de crença que faz os princípios cognitivos do próprio terreiro – coerência com o tipo de Nação, liturgias, morfologias particulares dos estilos, do crer e do representar.

As emoções diante de cada comida têm fundamento, geralmente, no conhecimento peculiar de cada prato, sua intenção, seu uso, seu valor particular e, também, no conjunto de outros pratos do cardápio devocional do terreiro.

O dendê é, sem dúvida, uma das mais imediatas e eficazes marcas da África na mesa afro-brasileira. Funciona como uma espécie de síntese de todos os sabores africanos aqui preservados, e relembrados nos terreiros e também na ampla e diversa culinária nas casas, nas feiras, nos mercados, marcando ciclos festivos, entre outros eventos sociais.

Se uma África geral é assumida no dendê, então comer dendê é comer um pouco da África, trazendo-a, assim, para a intimidade de um prato, de um ritual, de um gosto condicionado às civilizações e às histórias dos povos africanos. Reforçam-se laços e nutrem-se relações simbólicas a partir das gastronômicas.

Comer além da boca, contudo, é uma ampliação sobre o conceito de comer nas religiões afro-brasileiras. Tudo está na permanente lembrança e ação de que tudo come. Come o chão, come o ixé, come a cumeeira, come a porta, come o portão, comem os assentamentos, árvores comem; enfim, comer é contatar e estabelecer vínculos fundamentais com a existência da vida, do axé, dos princípios ancestrais e religiosos do terreiro.

É amplo o conceito de comer. Nele está implícito o de beber: da água lustral à matança de determinados animais, folhas, feijões, milhos, cebolas, camarões defumados, dendê, mel, cachaça, entre outros, fazem os cardápios votivos.

Comer é acionar o axé – energia e força fundamentais à vida religiosa do terreiro, à vida do homem.

A cabeça é alimentada no bori. Outras partes do corpo são também tocadas pelos materiais dessa obrigação – água, sal, mel, dendê, obi, orobô, sangue, folhas maceradas. Assim come e se nutre a cabeça, que é parte do corpo, espaço dos mais sagrados entre os demais que fazem o próprio terreiro.

Os instrumentos musicais também comem, e, entre eles, os atabaques. "Sobre esteiras de fibra natural trançada são deitados os instrumentos, na ordem: rum, rumpi e lé; em seguida, diante do atabaque, rum, o maior e, portanto, o mais importante do trio, são depositados uma quartinha contendo água lustral e um prato de louça com algum dinheiro. A cerimônia continua com o ato ritual de abrir um obi (*Cola acuminata*), fruto africano que é colocado naquele prato. O axogum (cargo masculino no terreiro, responsável pelos sacrifícios de animais) inicia a matança de um galo sobre os atabaques, seguindo-se o derramamento do sangue da ave pelos três instrumentos, do maior ao menor. Complementando o ritual, o axogum irá enfeitar as bordas dos couros com algumas penas e borrifar azeite-de-dendê sobre os intrumentos. O galo, então, é levado à cozinha para ser preparado, separando-se as vísceras, cabeça e pés – partes sagradas – que serão cozidos separadamente da carne. Estas partes sagradas são colocadas em outro prato, sobre a esteira, onde se encontram os atabaques. A carne é dividida entre todos os participantes da cerimônia, que compartilham o mesmo sacrifício, legando assim os atabaques aos deuses e aos homens. É, sem dúvida, um ritual socializador.

Após um período de um a três dias, as oferendas são retiradas das esteiras e os atabaques são *levantados,* em cerimônia que conclui a sua sacralização, e estes poderão, agora, cumprir suas funções de cunho público e privado no terreiro. Não podem ser percutidos imediatamente, pois terão de permanecer alguns dias *descansando*, como num verdadeiro *resguardo ritual*.

Na época das festas, cada atabaque é *vestido* com uma tira de pano, colocada no corpo do instrumento, arrematando com um laço. Essa faixa é chamada de oujá ou ojá – tira de qualquer tecido, com aproximadamente 2m de comprimento por 30cm de largura, nas cores votivas de divindades patronas do terreiro ou dos atabaques. Esse ato de *vestir o atabaque* é prerrogativa de pessoas iniciadas, podendo ter participação feminina, aliás uma das raras participações da mulher no âmbito da música do terreiro." (Lody, 1989: 26-27.)

Comer é, antes de tudo, se relacionar. O que é oferecido é codificado na complexa organização do terreiro, assim circulando e se renutrindo. Há sentido e função em cada ingrediente, e há significados nas quantidades, nos procedimentos, nos atos das oferendas, nos horários especiais e dias próprios, no som de cânticos, de toques de atabaque, agogô, cabaça e adjá ou do paô – bater palmas seguindo ritmos específicos.

Objetos pessoais e outros coletivos, para manterem suas propriedades, têm de comer. São os fios-de-contas, símbolos particulares dos indivíduos, que também relatam histórias iniciáticas e têm, obrigatoriamente, de comer junto com o corpo e os implementos sacralizados dos assentamentos nos pejis.

Pode-se afirmar que comer, nessa concepção abrangente do conceito litúrgico do terreiro, equivale a cultuar, zelar, manter os princípios que fazem o próprio axé, enquanto a grande unidade, a grande conquista do ser religioso do terreiro.

Os espaços da natureza também comem. Mar, rios, matas, estradas, pedreiras e outros, que têm sinalização por monumentos naturais ou vindos da intervenção do homem, da marca de um orixá, de um vodum, de um inquice, de um caboclo.

É preciso alimentar a natureza, os deuses, os antepassados, que representam patronalmente os elementos ou são expressos nas atividades de transformação do mundo. São guerreiros, caçadores, ferreiros, reis, entre outros, que desejam a garantia da harmonia entre hoje/vida e história/antepassado na temporalidade vigente nos terreiros.

Há uma espécie de boca geral, de grande boca do mundo, simbolizada. Tudo e todos comem. Todos querem comer. Comer para existir e manter propriedades.

Os atos públicos do ajeum nos terreiros de Candomblé são dos mais significativos momentos da socialização pela comida. Comida, geralmente, é originária do cardápio dos deuses, fortalecendo relações entre homem/deus patrono.

Assim, o ajeum é uma festa do comer, do beber, do falar sobre os rituais precedentes – música, dança, obrigações dos santos; é, ainda, um ritual de alimentação física, que geralmente culmina em samba-de-roda. Pode-se dizer que comer é festejar, vivenciar o mundo.

Compartilhar da comida sagrada, do banquete cerimonial dos deuses, é ato democrático. Todos são convidados. Todos participam do ajeum público.

Tão dinâmico na ação biológica e convencional de comer é o conceito de comer no âmbito das religiões afro-brasileiras. Comer equivale a viver, a manter, a ter, a preservar, a iniciar, a comunicar, a reforçar memórias individuais e coletivas. Assim, fundada nesse princípio, a vida é a grande celebração realizada entre os homens e seus deuses. Isso se dará preferencialmente por meio da comida.

Isso se dará na compreensão diversa e complexa do ato de comer, quando tudo come, até o homem.

À Mesa dos Deuses Comem os Orixás, Voduns, Inquices

Os motivos socializadores de se oferecer comidas rituais aos deuses africanos ajudam no fortalecimento dos laços religiosos e éticos que unem os adeptos das religiões afro-brasileiras, contribuindo para o aumento do contato entre os homens e seus deuses. O costume de oferecer alimentos aos deuses reforça a fé e as identidades.

A amplitude da culinária sagrada dos orixás se mostra muito diversificada, sendo estabelecida à base de carnes, peixes, farinhas, temperos, óleos e muitos outros ingredientes que, ordenados de acordo com os preceitos, resultarão em comidas desejadas e do agrado do santo. O gosto e o hábito alimentares nos rituais africanos estão condicionados às suas ações sagradas e também nutritivas para os homens.

O Candomblé é, sem dúvida, o reduto de grande significado para a sobrevivência da cozinha, onde as atitudes rituais e as maneiras de preparar os alimentos estão repletas de significados econômicos e sociais, sendo de alta importância para uma comunicação em linguagem própria – a comida.

Os pratos que constituem o cardápio dos deuses estão projetados além dos santuários – barracões – e comunidades afro-brasileiras, os pratos estão nas festas de largo, onde multidões se reúnem para louvar e obsequiar seus santos de devoção e individualmente crer. As comidas à base de milho, papas, azeite-de-cheiro, camarões secos, gengibre e bebidas – refrescos e alcoólicas – desempenham seus papéis socializantes, mantendo os grupos em suas atitudes de divertimento e fé.

É grande a interpenetração dos elementos sociais e sexualizados nos religiosos, quando, em praças públicas, as festas dos santos católicos, unidos

no paralelismo e na identificação com os deuses africanos, juntas promovem os grandes ciclos que vão de janeiro a dezembro, segundo um calendário baiano.

Na realidade, a cultura popular é rica em interpretações locais, de cunho regional, dando à culinária religiosa variações que acontecem nas receitas, maneiras de fazer e servir e, principalmente, nas interpretações e nos usos dos alimentos.

É também importante dizer que as especialistas das cozinhas dos deuses, mulheres que conhecem os segredos e rigores dos pratos dos orixás, voduns e inquices, também cozinham nas festas de largo.

São as *iá-bassês* – cozinheiras dos terreiros que se dedicam, com votos religiosos, ao preparo do cardápio ritual – que têm importante papel nos terreiros, onde os alimentos, pelos seus sentidos funcionais e propiciatórios, funcionam para agradar, aplacar, inovar ou cultuar os deuses africanos e também provocar o paladar dos homens.

No vasto panorama culinário afro-brasileiro, não nos podemos condicionar, exclusivamente, à cozinha afro-baiana, que é expressiva, mas não monopolizadora dos pratos rituais afro-brasileiros.

São Luís do Maranhão, por meio dos rituais Nagô e da Casa das Minas, tradicionais pela manutenção ao culto dos voduns, é detentora de vasto receituário gastronômico e de alto significado etnográfico, quando as comidas vêm ao *querebetã*, varanda onde as dançantes estão com os seus voduns, ou nos santuários, onde os ritos secretos são estabelecidos. As grandes cuias com aluá de milho, pão e vinagre são servidas ao gosto dos voduns e as pequenas cuias estão repletas de abobós, milho cozido e pequenos acarajés, que muito se distanciam dos baianos, em especial pela forma.

Nas casas do Xangô, em Pernambuco, Alagoas e Sergipe, o panorama é ampliado pelas influências das ervas e favas de uso comum nas práticas do Catimbó, da Jurema, da Umbanda.

O colorido, o cheiro e a variedade de condimentos comuns às mesas dos orixás dos terreiros de Xangô são distintos dos pejis dos santos das casas afro-baianas, onde sentimos a presença de fortes elos africanistas nos nomes dos pratos, condimentos e produtos utilizados nessa culinária.

Os tabus e as injunções de gênero norteiam os procedimentos das responsáveis pela cozinha, onde o homem, em muitos terreiros, é proibido de entrar, por se tratar de local exclusivo das *iabás*, responsáveis pela preparação dos axés, partes de animais sacrificados nos pejis e das comidas secas que fazem a base da alimentação dos deuses.

Os utensílios culinários e os tipos de fogões utilizados nas cozinhas dos deuses africanos mantêm princípios tradicionais do cozimento demorado e vigiado pelas atentas *iá-bassês*, verdadeiras guardiãs do gosto e da estética.

Os momentos, os dias da semana e as palavras mágicas contribuem para o real funcionamento do prato sagrado em sua realidade cerimonial e de conteúdo votivo.

É realmente repleta de detalhes e simbolismos a complexa gastronomia ritual afro-brasileira, onde também o poder de sedução faz com que o homem traga muitos desses alimentos ao seu convívio diário ou marque momentos especiais nas festas das casas, nas festas públicas, compartilhando relações e sabores, muitos originalmente sagrados.

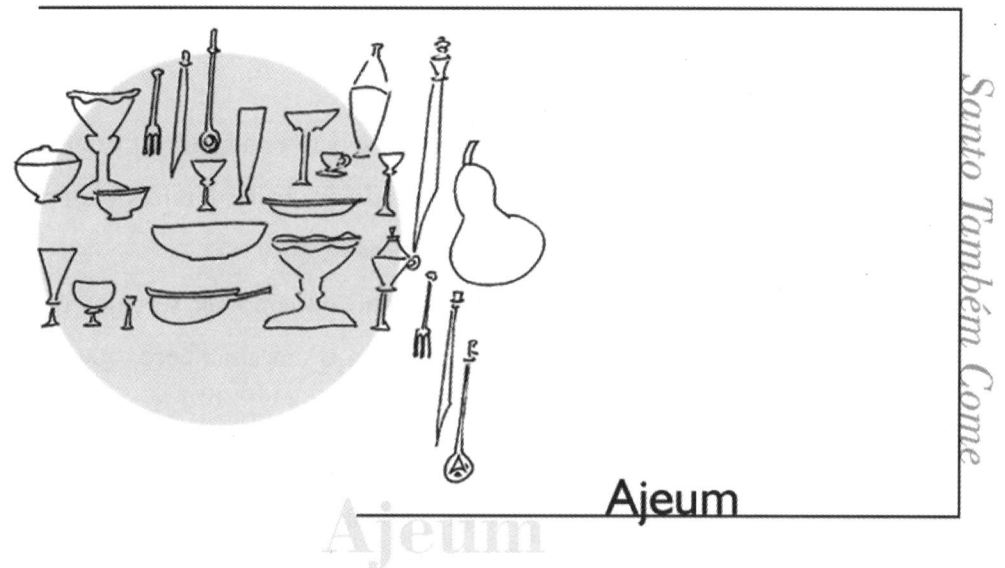

Ajeum

Nas festas públicas dos terreiros de Candomblé, o ajeum é importante momento sócio-religioso. Após as danças rituais dos orixás, voduns e inquices, grandes mesas são armadas próximas ao barracão de festas.

Comidas pertencentes ao cardápio dos orixás ou comidas comuns, chamadas *comidas de branco*, são servidas obedecendo a uma seqüência hierárquica. A oferta de alimentos e a variedade de pratos convidam a todos os adeptos ou visitantes a consumir os assados das carnes dos animais que foram sacrificados em honra aos orixás, as frituras em azeite-de-dendê e muitas outras comidas.

É tradicional que as pessoas do terreiro sejam as últimas a se servir, dando preferência às visitas, em geral. Depois dessa primeira leva de alimentos, é formada a mesa dos ogãs, quando os dirigentes do terreiro, eqüédes e outras pessoas possuidoras de cargos importantes na hierarquia religiosa do Candomblé ocupam a mesa, que é a mais bem servida tanto em comida como em atenção, havendo certa variedade de bebidas, incluindo cerveja. O uso de bebidas alcoólicas não é hábito e nem está ligado às origens gastronômicas dos terreiros. Refrescos fermentados de frutas e raízes sempre tiveram lugar nas cerimônias privadas e públicas.

A cachaça, a cerveja e raramente o vinho poderão ser servidos em ocasiões festivas, após as práticas rituais, quando o dia amanhece, e ao ar livre, como é de costume.

Na grande mesa e sentados em bancos, os ogãs e os convidados de alto *status* nos terreiros poderão consumir bebidas alcoólicas.

A louça utilizada para servir os alimentos é separada de acordo com os preceitos das pessoas diante dos deuses africanos. Os noviços as iaôs utilizam-se de vasilhames de ágata, pessoas iniciadas e o público em geral comem em pratos comuns, servindo-se ou não talheres convencionais.

O ato de fazer o ajeum é comum na alimentação, mesmo quando os pratos não são ligados à culinária sagrada dos deuses africanos. A motivação para muitas destas festas públicas é o ajeum que acontece ao final das danças rituais. Na grande mesa, certa liberdade em consumir os alimentos e a bebida anima o público assistente. É evidente a motivação religiosa, atuando por meio dos cânticos e das danças nos momentos em que as divindades vêm participar, no barracão, com suas presenças históricas e seus enredos.

O ajeum é a comida, é o ato da alimentação votiva estendendo-se à festa.

Essas expressões e procedimentos sociais estão vinculados aos terreiros de Candomblé, objeto principal deste trabalho.

Contudo, amplia-se cada vez mais o que é servido na alimentação comunal do ajeum, bem como as maneiras de servir, de aproximar o homem da comida.

Bolos confeitados, ornamentos com requintes de confeitaria, doces variados e mesas arranjadas com critério e estética das festas domésticas ou de outros espaços não-tradicionais aos terreiros geralmente fazem parte dos rituais públicos do ajeum, unindo dinamicamente os recursos gastronômicos de diferentes origens com a mesa fundada no dendê e nos preceitos africanos.

É crescente a interpenetração dos cardápios das casas e dos restaurantes nos terreiros.

A comida do branco vem ganhando espaço cada vez maior com os alimentos tradicionais, aqueles de maior vinculação na África, mesmo sendo uma África idealizada e recriada no Brasil.

Cozinha. Espaço Sagrado dos Quitutes dos Deuses

A cozinha ritualística é organizada seguindo critérios de utilização no preparo de muitos pratos constituintes dos cardápios dos deuses africanos. As disposições dos objetos, a confecção dos utensílios e as atitudes das pessoas que têm o mister de cozinhar para as divindades nos dão importantes campos de análise, quando observamos complexos gastronômicos que irão atender à fome dos deuses e satisfazer e cumprir as necessidades dos adeptos, que, por meio do preparo dos alimentos, conseguem criar um momento importante no conjunto das cerimônias votivas dos terreiros.

As cozinheiras dos deuses devem atuar no espaço sagrado de suas cozinhas como se estivessem no interior dos santuários, e os alimentos que não pertencem ao cardápio ritual deverão sair desses locais, devendo ocupar cozinha própria.

É notada a mistura da culinária comum com a ritual, motivada pela necessidade de espaço ou mesmo pelo natural distanciamento dos valores normativos originais da cozinha sagrada. Na realidade, a cozinha artesanal afro-brasileira adquire suas versões e interpretações regionais nos terreiros de Xangô, nos Candomblés e em outras formas de religiões, que orientam os preitos aos orixás, voduns e inquices.

O nível de consciência dos rigores gastronômicos da vasta culinária dos terreiros é também o aspecto que irá determinar o grau de identidade ou de aculturação com a série de procedimentos da cozinha de uso religioso.

É comum observarmos nessas cozinhas sagradas a presença do fogão a lenha, e, ainda, de muitos fogareiros e outros tipos de fogões. Os muitos utensílios são colocados nas mesas ou bancas. Panelas de barro, alguidares, travessas, tigelas *najé*, quartinhas, talhas, pratos de cerâmica, gamelas, pilões, pedras de ralar, moinhos, abanos, colheres de pau, peneiras, bacias em ágata e folha-de-flandres, tachos de cobre, entre outros, são os objetos que constituem o ferramental do trabalho das *iá-bassés*, mulheres que cozinham para os santos.

Noites inteiras são destinadas ao preparo dos alimentos que fazem parte do ritual, e após as manhãzinhas, quando sacrificam os caprinos e as aves no interior dos pejis, as *iá-bassés* vão preparar, com grande rigor, os animais que, sacrificados, deixaram o sangue nos símbolos dos deuses, unindo seus elementos de vida e fertilidade ao estimulante contato da seiva, o sangue nas pedras, nas esculturas e nos objetos dos assentamentos, nutrindo o axé, revitalizando as propriedades dos deuses e cumprindo seus sentidos de dinamismo e força.

As carnes e demais partes dos animais que foram sacrificados têm preceitos específicos de preparação. Boa parte desses animais será consumida mais tarde, ao término da festa pública, no ajeum, onde todos participam, público em geral e iniciados.

Raramente são preparados doces para o ajeum. Os pratos salgados e a cerveja constituem os produtos consumidos pelas pessoas. Os deuses são alimentados em primeiro lugar, e a retirada dos pratos dos pejis constitui cerimônia de grande importância, como aquelas realizadas para o oferecimento dos sacrifícios e das variadas comidas.

Não há cerimônia de cunho privado ou público onde a comida não esteja presente. A alimentação dos deuses e das pessoas que participam dos preceitos é norteada por tabus e injunções, tais como: as iniciadas de Iansã não podem comer caranguejo ou abóbora; as pessoas que têm Oxum como orixá principal não devem comer peixe sem escama, principalmente o tubarão; os iniciados de Omolu não podem comer siri; os adeptos de Xangô, em sua maioria, não comem carneiro e caranguejo, e os iniciados da nação Jeje-Mahi são proibidos de consumir carne de porco, que também não consta de nenhum cardápio sagrado dessa Nação.

Essa é uma marca dos negros islamizados, que tanto legaram para a organização das práticas rituais afro-brasileiras, e é evidente a proibição da carne de porco para os adeptos dessa Nação, pois nos preceitos dos rituais Jeje-Mahi grandes são as identidades com os negros do Islã, na Bahia.

Esses preceitos são notados não só nas tradições culinárias, mas, também, nos cânticos melismáticos, nas posturas e em outras atitudes rituais.

O espaço da cozinha é de alto significado para a vida dos deuses, sua manutenção e a renovação do axé, elemento vitalizador das propriedades e domínios da natureza, quando o sagrado aproxima-se pela boca do homem.

Utensílios do Fazer Culinário

A cozinha é um espaço que reúne não apenas os saberes culinários. É um verdadeiro depósito de utensílios, tradicionalmente artesanais e cerâmicos. Formas, tipos e quantidades existem para apoiar a tarefa de preparar os alimentos. Embora os utensílios elétricos componham o elenco das peças de apoio das cozinhas, mesmo daquelas consideradas as mais ortodoxas, verifica-se uma valorização das peças artesanais.

Pela manipulação, contato mais direto com os alimentos, pode-se sentir tratar, certamente, com maior emoção de feijões, farinhas, carnes, temperos e tudo o mais que integra os cardápios dos homens e dos deuses.

Os processos de fazer alimentos rituais religiosos já implicam compromissos litúrgicos na preparação de cada ingrediente, em uma relação permanentemente sagrada. Tudo se relaciona ao âmbito do terreiro.

Há um forte sentido intercomplementar entre comida, palavra, música, dança, indumentária, gestos, e, assim, relembram-se laços ancestrais com a África, com os terreiros matrizes, com as formas de comunicação entre os membros do terreiro, deuses e antepassados.

A cozinha é um compromisso firmado para tudo o que acontece no terreiro.

Comida para os rituais mais simples, por exemplo, o oferecimento de um obi e água, é complementada servindo um mungunzá para os integrantes da cerimônia, membros da comunidade e convidados.

Os rituais são regados e celebrados pelas comidas.

Por tudo isso, os muitos e diferentes utensílios que proporcionam o fabrico dos pratos assumem valores especiais, não apenas pelos seus significados funcionais, mas, também, pelos simbólicos.

Há um valor geral dado à louça da Bahia, aos tipos, cores e texturas, destacando-se os produtos de Maragogipinho.

Quartinhas, quartas, alguidares, travessas, entre tantos outros tipos, servem aos trabalhos culinários, como, também, são depósitos de alimentos, de água – potes, porrões, quartinhões.

Há, também, uma estética baiana que seleciona os objetos para fazer e servir alimentos.

A louça baiana, geralmente decorada por pintura e, em alguns casos, em relevo, de certa forma aproxima a Bahia dos alimentos afro-brasileiros. Algo nostálgico, ou mesmo ancestral que, para o povo do santo, tem significado muito especial e é reforçado no imaginário da cozinha.

"Maragogipinho (...) situa-se à beira dum rio – conhecido como rio de Maragogipinho – que vai afluir no Jaguaripe." (Pereira, 1957:53).

Destaca-se Aratuípe, sede de Maragogipinho, onde se concentram as olarias.

A louça de Maragogipinho é dividida em *louça grossa* e *miuçalha*.

Louça grossa – são as peças maiores, geralmente brunidas e decoradas e algumas *vidradas* – e miuçalha, a miniatura, regionalmente conhecida como *caxixi* – de função e âmbito lúdico e infantil.

As decorações das vasilhas se fazem com o emprego do tauá, tabatinga e, em alguns casos para as talhas, baixos-relevos.

"Da cerâmica utilitária, só a da Bahia apresenta interesse artístico. Suas feiras oferecem assombrosa quantidade de louça lindíssima, pratos e potes, quartinhas e jarras de beber água, copos e jarrinhos para flores.

Em jarras, quartinhas e púcaros, pode aparecer alguma flor pintada a óleo, mas a pintura mais característica é a que se faz com tabatinga branca ou parda.

A decoração da louça de barro baiana, que é, nos pratos, externa e interna, representa, em finos traços estilizados, motivos florais, ou encanta-se em mistério abstracionista; nos potes e púcaros, o motivo mais freqüente é um misto de concha e flor, geralmente aplicado com disciplina, em toques de tabatinga branca." (Meireles, **s.d.**: 59 e 60).

A produção tradicional de Maragogipinho ocorre junto a uma linha especial de vasilhas de barro, nominada pelos próprios fabricantes como *cerâmica turística*.

"O trabalho sistematizado de Maragogipinho, com suas olarias de palha e de telha, é dedicado hoje à chamada cerâmica turística. A produção é canalizada para o próprio mercado que o turismo proporciona, e que encontra na louça vermelha pintada de branco a marca da Bahia." (Lody & Geisel, 1979:8).

O escoamento da cerâmica turística e da louça grossa de amplo consumo local ocorre, principalmente, em feiras e mercados na Cidade de Salvador, Bahia, e em outros pontos na região do Recôncavo. Por exemplo, na *Feira do Porto* – feira cíclica de vasilhas de barro que acontece durante as festas de São João, Cachoeira, Bahia.

"Quem, por exemplo, percorre as barracas circunvizinhas do Mercado Modelo e a Feira de Água de Meninos encontra uma cerâmica de *cor morena*, com decoração típica e padronizada – arabescos em traços pretos se valorizam, apresentando figuras antropomorfas chamadas *bonecas* (...)" (Pereira, 1957:35).

Há cerca de 20 anos, a chamada *feira do barro* integra-se à antiga Feira de Água de Meninos, atual Feira de São Joaquim. No Mercado Modelo são poucas as louças oferecidas nas lojas – algumas de Maragogipinho, Bahia, principalmente as figuras de barro de Caruaru, Pernambuco.

Entre as ofertas das louças de barro mais tradicionais da região estão a quartinha, comum como peça de uso individual, enquanto a quarta e o quartinhão são, geralmente, de uso coletivo nas casas. Passando ao âmbito ritual religioso, as relações podem reproduzir-se, ampliando, também, as funções de hidrocerames que estão formando montagens escultóricas e simbólicas conhecidas como assentamentos. São ocorrentes nos terreiros de

Candomblé e de Xangô, e ainda, neste âmbito, nas cozinhas votivas dos deuses.

No caso das vasilhas de barro, não há uma produção específica e de destinação ritual religiosa. São incorporados os objetos de uso comum e que circulam para o amplo consumo. Contudo, outras peças caracterizadas como ferramentas de santo, xaxará, ibiri, molho de ferramentas, opachorô, entre outras, são de feitura especial para o consumo e uso ritual religioso nos terreiros.

"Os objetos que fazem parte dos rituais, nos seus desempenhos, não apenas representam, são, assumem o nível de utensílios sagrados. Isso ocorre após a inclusão dos motivos do axé pertinentes ao objeto. O ciclo de feitura do objeto artesanal é conseqüência que obedece rigorosamente a todo um complexo de indicações técnicas e religiosas (...)." (Lody, 1988:59).

Alguns tipos da louça tradicional baiana:

Ânfora – vaso grande de barro, com duas asas simétricas e fundo convexo.

Baiana – o mesmo que boneca. Utensílio antropomorfo que representa uma mulher em traje de baiana.

Bilha – pequeno vaso bojudo de gargalo estreito de barro ou flandres. O mesmo que botija. Do corpo arredondado nascem dois gargalos *bicos,* também chamados de bilhas de dois bicos.

Boneca – moringa antropomorfa – caracterizada como uma baiana. Na cabeça, uma tampa lembra o tabuleiro e as mãos na cintura fazem duas alças.

Botija – vaso cilíndrico, de barro, de boca estreita, gargalo curto e uma pequena asa.

Cântaro – vaso grande e bojudo com uma ou duas asas, comporta em torno de 12 litros.

Caxixi – louça miuçalha, miniatura inspirada em louça grossa. De uso lúdico.

Jarra – vaso, vasilha para água. Usada também para o ornamento, contendo ou não folhagens e flores. Antiga medida para líquidos.

Jarrão – jarra grande. Especialmente para adorno de salões.

Louça grossa – o mesmo que louça para o consumo: panela, moringa, talha, entre outros. Também a decoração é simplificada ou não apresenta decoração.

Miuçalha – o mesmo que caxixi.

Moringa – garrafão ou bilha de barro para conter, refrescar e servir água. Também é chamada de quartinha.

Moringa garrafa – construção da moringa ou quartinha a partir da forma de uma garrafa de vidro.

Moringa de preço – moringas decoradas com tauá, corantes industrializados, entre outros.

Moringue – o mesmo que moringa.

Porrão – pote grande, pote ou vaso de barro, comumente bojudo e de boca estreita.

Pote – grande vaso de barro, vasilha para líquidos. Caracteriza-se por largo bocal. Antiga medida para seis canadas (1 canada equivale a 2,622 litros).

Púcaro de pomba – moringa ou quartinha zoomorfa.

Púcaro de engano – moringa ou quartinha de alça e bico tubular.

Quarta – vaso que corresponde a um quarto do quartinhão. A quarta é também chamada de cântaro.

Quartinha – moringa. A quartinha contém em torno de meio litro. Quartinha é o nome de maior ocorrência no Nordeste. Não contém a mesma quantidade de líquido de uma moringa, embora o nome seja usado como sinônimo.

Quartinha de festa – vaso ricamente decorado, ocorrendo pigmentos dourados e/ou prateados, relevos e motivos florais à tinta a óleo, geralmente apresenta asas torneadas. Como diz o nome, é para ser usada em período de festas.

Quarta de festa – quarta apresentando as mesmas características da *quartinha de festa*.

Quartinhão – vaso que corresponde a 16 litros. No Recôncavo da Bahia, o quartinhão comporta em torno de 26 litros e os outros vasos que integram o grupo são quarta e quartinha.

Resfriadeiras – louça grossa para guardar e refrescar água: porrão, quartinha, moringa, talha, entre outras.

Talha – vaso de barro de grande bojo. No Recôncavo da Bahia é sinônimo de filtro d'água – porrão, quartinhão. Tende ao formato da ânfora, especialmente nesta região. Serve para guardar, purificar e refrescar a água.

Testo – tampa de barro para a louça grossa.

Vasilha – vaso para líquidos. Qualquer vaso de maior ou menor dimensões para transportar, guardar e servir líquidos.

Vaso – qualquer objeto côncavo para portar substâncias líquidas. Peça análoga para plantar. Tudo que é suscetível de conter alguma coisa.

As louças encontradas nas cozinhas dos terreiros não são exclusivas da Bahia e nem especificamente de Maragogipinho. Há diversas produções que abastecem os terreiros e os santuários, num consumo crescente e sagrado.

Certamente, é marcante a louça de barro; contudo, outros produtos, muitos já industrializados e em diferentes materiais, são integrados a um elenco diverso de utensílios de cozinha.

Em madeira, ainda artesanais, pilões, gamelas, colheres; os outros, em trançados de fibras naturais, como cestos e abanos; utilitários em folhas metálicas, como os fogareiros, bacias, ralos, colheres, vendo-se, ainda, o moinho de pedra, tradicional para o trato do feijão-fradinho, no preparo da massa do acarajé, do abará, entre outros.

Os Pratos de Nanã: A Comida dos Filhos é a Comida dos Ancestrais

"Nanã é a divindade mais velha de todas, a principal *yá-mi-opá-ossi* (a mãe ancestral da esquerda de cada um)." (Ferreira, 1984:57).

O personagem mítico dos Fon-Yorubá, Nanã, também conhecido por Nanã Buruku, a avó, a mais velha das águas, mãe da água, aquela que habita o fundo do mar, os charcos, a lama; viço permanente de vida e de morte. É a mãe doadora e é a mãe que traz para si seus filhos após a geração e a própria vida.

Nanã representa uma civilização que é simbolizada pelos utensílios em madeira e, principalmente, em fibras naturais.

Um oriki de Nanã bem traduz seu tipo de mãe, de rainha, de senhora dona do cajado, como o seu marido mítico, Oxalá, é também dono do cajado – o apaxorô de Oxalufã.

"Proprietária de um cajado salpicado de vermelho, sua roupa parece coberta de sangue. Orixá que obriga os Fon a falar Nagô. Minha mãe foi iniciada no país Bariba. Água parada que mata de repente. Ela mata uma cabra sem usar a faca."

O símbolo fundamental *opa buluku* – o cajado de Nanã – remete a sua importância e seu poder. Este é rememorizado nos Candomblés afro-brasileiros por *ibiri*, feixe de dendezeiro, tecido, búzios, contas e palha-da-costa.

O Peixe Símbolo:

O peixe identifica no texto visual dos terreiros as iás deusas, mães das águas, sendo um dos alimentos votivos mais significativos dos orixás, voduns e inquices que habitam os rios, lagos, cachoeiras, regatos, mares e pântanos, ampliando-se nas chuvas.

Em festas no Terreiro do Gantois dedicadas ao orixá Nanã, um peixe emblemático é recorrente a todo o imaginário das iás, inaugura amplo cortejo cerimonial de filhas do terreiro, portando cada uma um diferente alimento.

O peixe preparado, alimento, relembra Nanã, o universo das águas e os elos imemoriais, as origens dos homens e dos outros deuses.

São oferecidas comidas dos homens – comida de branco –, sem dendê, comidas do cotidiano e também comidas de festa, havendo, ainda, a complementação de muitas bebidas industrializadas que se incluem ao cortejo.

Elas são trazidas pelos homens iniciados e agregados ao terreiro.

Nanã, no seu cardápio votivo, tem preferência pelo anderé – tipo de vatapá feito com feijão-fradinho, além de galinha-d'angola, cabra, todos bem temperados, contudo sem o epô azeite-de-dendê.

A festa pública e anual, chamada popularmente como os pratos de Nanã, traz as comidas dos homens.

Assim são representadas e servidas as comidas em diferentes utensílios: travessas, bandejas, tigelas e pratos, que, até mesmo, dão nome à festa.

Portados nas cabeças das iniciadas, somente mulheres, elas exibem em desfile solene alimentos como: bolos, pastéis, empadas, assados de carne bovina, de galinha, de peru; batatas fritas, farofas, tortas de camarão, maionese de lagosta, doces caramelados, saladas variadas, entre outros. Além da estética e do valor nutritivo de cada alimento, há, também, a identificação de diferentes estilos gastronômicos e classes sociais.

O cortejo dos pratos de Nanã é ampla rememorização do que os homens gostam de comer. Homens presentes e homens lembrados enquanto ancestrais do terreiro, ancestrais fundadores da Nação Ketu, ancestrais remotos africanos.

Após o cortejo e as danças, todas as comidas serão depositadas em uma mesa do lado ocidental, com toalha, sendo o peixe o primeiro prato aí colocado, alimento inaugurador de toda a festa.

Diferentes bebidas, como cachaça, vinho tinto, vinho branco, rum, vodca, guaraná, cerveja, champanhe, entre outras, são depositadas sob a mesma mesa onde ficam todos os alimentos.

A partilha da comida e da bebida é ato socializador e é prática especial dessa festa onde comem, juntos, os homens e os ancestrais. É cerimônia de grande rigor e sigilo ritual. É uma festa que evoca a mãe-mítica e todos os outros deuses descendentes, os filhos-de-santo do terreiro, os fundadores do terreiro, suas famílias de ancestrais, todos devem comer, todos devem participar dos pratos de Nanã.

Ainda Sobre o Imaginário

"Nanã é um orixá formado por uma cabaça grande, tendo uma parte maior e outra menor, o que equivale ao céu e à terra. Ao mesmo tempo, pode-se dizer que Nanã é a parte feminina de Oxalá (...) sua terra de origem é Mahi-Jeje, antigo Daomé, onde é conhecido pelo nome de Mawu-Liça (...)." (Ferreira, 1984:55.)

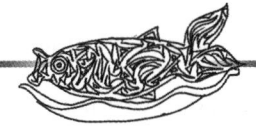

Outros objetos sagrados e sacralizados identificam Nanã nos seus santuários, pejis.

"(...) medalhas brancas, bacia de louça, pratos, terrina com otá e ferramenta (lira pequena imersa no mel), talha, quartinhas brancas." (Magalhães, 1973:55.)

O peixe é retomado enquanto elemento visual presente em diferentes objetos e representações funcionando para usos diversos nos terreiros.

O peixe está distribuído nos bordados das roupas, nas gravações e recortes de braceletes, copos, idés, ibós, adês, abebês, couraças em diferentes folhas metálicas. Ocorre nas pinturas murais, nas louças de barro, geralmente com o uso do tauá, da tabatinga e de pigmentos industrializados. O peixe é adereçaria presente nos maracatus, ranchos de Reis, blocos afro, afoxés e outros cortejos afro-brasileiros.

Bebidas Rituais

Na realidade dos terreiros afro-brasileiros, as bebidas industrializadas vêm tomando lugar cada vez maior, levando a novos acréscimos e mesmo já ganhando tradição.

A cerveja, o vinho e a cachaça estão presentes, penetrando em muitos rituais privados, adquirindo significados especiais das tradições negro-africanas e seus rigores religiosos.

A utilização dessas bebidas acontece, principalmente, no ajeum, onde predomina a cerveja, em seguida, a cachaça e, raramente, o vinho.

A substituição de bebidas preparadas na cozinha artesanal dos terreiros é motivada, talvez, pelo grande trabalho e o maior gasto com os ingredientes necessários ou mesmo pelos fatais fenômenos da moda, massificação de produtos e sentidos de consumo. Isso motivou a entrada e o uso de bebidas industrializadas, em vez das que, por consumo, possuem vínculos e funções no conjunto dos alimentos dos deuses africanos em seus cultos.

A utilização comum de bebidas fermentadas em utensílios de barro tem no aluá o principal representante. O aluá, bebida das mais comuns, é preparado pela fermentação, em água, de ingredientes como milho vermelho, rapadura e gengibre. É servido como acompanhamento dos alimentos sagrados.

O aluá também ocupa lugar no peji como importante bebida de cunho votivo. Possui variações quanto ao seu preparo, podendo ser feito com massa de farinha de arroz fermentada com açúcar e água; milho vermelho torrado, gengibre, rapadura ou açúcar em recipiente com água; frutos da vinagreira, água e açúcar, deixando em fermentação – sendo conhecido o aluá de vinagre. Aberém dissolvido em água e açúcar, acaçá branco colocado para fermentar em água e açúcar, bolos de arroz açucarados em água. O abacaxi e frutas gerais, utilizando-se as cascas para fermentar com água e açúcar, também aparecem no conjunto das variantes de aluá.

No entanto, os aluás preparados com abacaxi e outras frutas não são de uso comum nos terreiros, constituindo-se em bebidas de uso mais comum nas casas de família.

O aluá é também chamado de quimbembé. O mais tradicional é o preparado com milho, gengibre e rapadura. É imprescindível preparar qualquer tipo de aluá em utensílio de barro, devendo a mistura ficar dias em fermentação, sendo servida à vontade com refresco. O número de dias da fermentação tem um sentido simbólico, voltando-se para os números cabalísticos, como três e sete.

O aluá também recebe nomes específicos de acordo com as práticas dos terreiros. Em cerimônia do ciclo de Azoani, em janeiro, na Casa das Minas, em São Luís, o aluá é feito de bolo de fubá de arroz, diluído em água com açúcar e chamado de afurá ou furá.

Hoje, as mulheres iniciadas na Casa das Minas retiram da *gomé* duas vasilhas redondas de barro, contendo dois aluás diferentes, e com dois coités servem às pessoas da casa e depois aos assistentes. Essa cerimônia ocorre no segundo dia das festas do Vodum Azoani. O restante das vasilhas contendo as bebidas é depositado nas águas de um rio. No querebetã foram divididos também o abobó e pequenos acarajés consumidos com o afurá. O afurá pode também receber sucos de frutas que ficam fermentados com a massa de fubá.

O aluá é a bebida de todas as festas, ocupando lugar de destaque naquelas do ciclo junino ou nas cerimônias dedicadas aos Ibejis e a Xangô.

O aluá alcoólico, aquele preparado com milho, recebe uma quantidade de aguardente e é chamado de *peru-sem-osso*, constituindo-se em bebida estranha ao cardápio do ritual. Bebida dos homens.

A gronga é outra bebida que também aparece e recebe o nome de gengibrada. É preparada com boa quantidade de gengibre, açúcar ou rapadura diluída em água, em um recipiente de barro, podendo levar outras raízes. Tudo fermentado, sendo servido como um aluá.

O xequeté é uma outra bebida de cunho ritual, preparado com gengibre, açúcar e sucos de muitas frutas, procura-se não misturar duas espécies de frutas, para não se realizarem vários tipos de xequeté. Os ingredientes ficam fermentando durante um mínimo de três dias em utensílios de barro, servindo-se à vontade como bebida acompanhante dos pratos votivos.

Outras bebidas também aparecem na complexidade dos cardápios de uso no ritual dos terreiros.

Nas cerimônias de sacrifícios dos animais, é comum observarmos o preparo de bebidas feitas com parte de sangue dos animais imolados, mel de abelhas e vinho. Essa bebida é servida aos participantes das matanças, constituindo-se em significativo elo entre os adeptos e seus deuses. A bebida é também colocada no peji, sendo grande a sua importância, visto o significado do sacrifício dos animais.

Do dendezeiro apareceu também uma bebida em forma de vinho, o vinho-de-dendê, que era servido pelas negras de tabuleiro. As canecas eram consumidas acompanhando o acarajé, o abará e outros quitutes da banca.

Hoje, o vinho-de-dendê não é mais encontrado.

As bebidas têm significado de real importância para a manutenção dos valores religiosos.

Elas ocupam nos pejis seus potes ou quartinhas, que são substituídos de acordo com as cerimônias e os cardápios.

Fatalmente, as bebidas industrializadas já estão ocupando os pejis e o distanciamento variável pelo nível de identidade das raízes tradicionais se vai alargando no processo dinâmico cultural.

As bebidas artesanais são trabalhosas e a dedicação das *iá-bassés* faz com que cada prato, cada sabor, cumpra um momento quase litúrgico do preparar, servir e assim repetir, sempre, tradições além-Atlântico e outras criadas no Brasil. Todas importantes. Todas definidoras do caráter sensual, mágico e nutritivo dos cardápios dos terreiros.

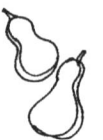

Cento e Cinqüenta Alimentos dos Terreiros

Abadô – Prato passado na máquina, que se torna uma espécie de farinha. O milho vermelho é o utilizado para a feitura desse alimento ritual. O abadô também é encontrado com outra designação para o axoxô ou axoxó, não possuindo nenhuma mudança de preparo culinário (Rio).

Abadô de Iemanjá – Prato feito à base de arroz com azeite-de-dendê, milho branco ou de mungunzá (pode substituir o arroz), não havendo condimento especial para ele. Tainhas ou curimãs fritos no dendê são colocados no prato depois de cozido o arroz ou o milho, estando pronto o abadô para ser servido no peji (Pernambuco).

Abará – Massa preparada com feijão-fradinho. O feijão fica de molho até perder a casca, e os procedimentos são semelhantes aos do acarajé. A massa é cozida em banho-maria, faz-se com ela uns bolinhos, e estes são envoltos em folhas de bananeira, levando cada porção um camarão seco. Os temperos como sal, cebola, azeite-de-dendê e camarões secos são utilizados para o abará. Quando o abará tem função profana, o bolinho depois de cozido é aberto, recebendo massa de vatapá adicionada de *molho nagô*. O abará é também conhecido por abalá (Bahia).

Aberém – Massa de milho branco preparada como se fosse para o acaçá. Utilizando-se a massa, fazem-se bolinhas, que são preparadas em banho-maria. As folhas de bananeira servem para envolver o aberém. Essa comida pode ser servida junto com o amalá, com mel de abelhas, e, quando preparada à base de açúcar, é consumida como qualquer doce (Bahia).

Abexilé – Alimento ritual preparado com folhas de mostarda ou de bertalha, cozidas com temperos de camarão seco, sal, cebola e azeite-de-dendê. Esse prato também é conhecido como abexê ou abexé (Rio).

Abunã – Esse alimento é preparado com feijão-fradinho, passando-se o feijão pelo moinho, cozinha-se a massa em panela de barro. Ovos de tartaruga são cozidos e, depois de tirada a casca, são colocados na tigela de barro, geralmente uma najé, tendo aspecto semelhante ao omolocum ou omolué. O abunã pode levar temperos de salsa e coentro, além de camarões secos (Rio).

Abóbora cozida – É prato delicado e de alto preceito nas práticas dos candomblés-de-caboclo, quando a abóbora-moranga é cozida e preparada com mel de abelha, recebendo, também, uma quantidade de vinho. A abóbora é cozida apenas na água, sem qualquer condimento; retirando-se o tampo da mesma, são colocados o mel e o vinho, e se completa o alimento colocando tiras de fumo de rolo e folha-da-costa, estando pronto para ocupar lugar no assento dos caboclos (Rio).

Acaçá – O milho é ralado na pedra. A massa resultante é preparada da forma mais fina possível, devendo utilizar a peneira de urupema (designação comum no Nordeste). A água é trocada, depois de ter ficado um dia inteiro deixando azedar. A massa é cozida em outra água. O grosso mingau, retirado com colher de pau, é colocado em pedaços de folhas de bananeira previamente preparados no fogo para dar a textura desejada. O acaçá é esfriado, geralmente em utensílio de louça branca ou ágata. Esse é o acaçá branco, mas também existe o vermelho, feito com milho vermelho ou fubá de milho fino. O procedimento culinário é o mesmo do acaçá branco, havendo diferença em alguns preceitos de colocar-se azeite-de-dendê sobre os acaçás vermelhos prontos e mel de abelha nos acaçás brancos (Bahia).

Acarajé – Preparado com feijão-fradinho ou fradim. O feijão fica de molho até soltar a casca; depois, o mesmo é passado em pedra ou moinho, resultando em massa que será temperada com cebola ralada e sal. A massa deverá ser bem misturada, dando a consistência desejada, sempre utilizando-se a colher de pau para preparar a liga. O azeite-de-dendê é colocado em grande frigideira, panela rasa ou tacho. Quando estiver fervendo, as porções da massa de feijão são fritas até se tornarem douradas pelo óleo de palma. O cheiro gostoso da fritura atiça qualquer apetite. O acarajé para uso profano pode ser comido com o *molho nagô*, e, para as práticas sagradas, apenas frito já é o bastante. O tamanho e formato do acarajé têm simbolismos próprios e são endereçados a divindades específicas. O acarajé grande e redondo é de

Xangô; os menores servem para as iabás, como Iansã; obás e erês têm em seus cardápios votivos os pequeninos acarajés de formato bem redondo (Bahia).

Acarajé de azeite doce – O alimento é preparado com os mesmos rigores do acarajé frito em azeite-de-dendê. Esse tipo de acarajé faz parte do cardápio das divindades que não utilizam o dendê ou fazem pouco uso dele (Rio).

Acuru – Alimento preparado com milho branco (Rio Grande do Sul).

Ado – O milho debulhado é torrado, passando pelo moinho e tornando-se farinha. O ado é preparado com azeite-de-dendê, sendo servido em pequenas porções em pratos de louça. Nos pejis, observa-se esse alimento de uso restrito, não sendo tão popular como o acarajé (Rio).

Agralá – Farofa feita com farinha mais fina, colocando-se um pouco de sal e azeite-de-dendê (Rio).

Ajabô – Alimento preparado com quiabos partidos em rodelas pequenas. Após esse procedimento, utiliza-se mel de abelha em quantidade, tornando-se o principal tempero dessa comida ritual. Também é conhecido como caruru branco, por não possuir o azeite-de-dendê (Rio).

Alapatá – Esse alimento é feito com a massa do acarajé, feijão-fradinho moído e temperado no azeite-de-dendê, e, quando este ferve, colocam-se diversos condimentos: camarões secos, cebolas; feito isto, deita-se por cima a massa do acarajé. Abre-se em toda a panela, frita-se e depois coloca-se o alapatá em tigela redonda e esta é levada ao peji (Rio).

Amalá de Nanã – Esse alimento é preparado com folha de bredo, camarões e fubá de milho vermelho; cozinha-se tudo junto e tempera-se com cebola, coentro e sal, colocando-se, em seguida, azeite-de-dendê (Alagoas).

Amió – Alimento ritual preparado com farinha de milho, fazendo uma espécie de papa, caldo de galinha e camarões secos moídos (Maranhão).

Amori – Para a preparação desse prato, as folhas de mostarda têm que estar bem verdes; lavadas e fervidas, são temperadas com cebola, sal, camarões e azeite-de-dendê. O prato é de simples realização, sendo também conhecido por latipá. O amori, ou latipá, é de uso restrito nas cozinhas dos terreiros afro-brasileiros (Bahia).

Angu – É a papa, o cozimento de farinha com água. O angu é prato dos mais populares, ocupando lugar comum nas mesas profanas e nos cardápios votivos de divindades cultuadas nos terreiros afro-brasileiros. Crê-se que esse prato tenha vindo do *infundi*, de Angola. As comidas à base de angu são comuns, generalizando os alimentos moles, mesmo aqueles mais elaborados com temperos especiais ou molhos adicionais e, assim, o angu de farinha simples com água é consumido. Esse prato recebe nomes e adquire variantes quanto ao preparo. Angu de farinha é o cozimento comum de farinha, sal e água, e atua como alimento base ou complementar de carnes e peixes. Angu de fubá, condicionado ao fubá de milho, geralmente é servido com molho de carne picada ou moquecada com temperos variados e pimentas. Angu de canjica é feito da farinha de milho branco ou do próprio milho de mungunzá que, em processo de cozimento, adquire a condição de papa ou angu. Outro é o angu de quitandeiro, este era servido pelas negras de ganho em suas bancas de quitutes, hoje restringindo-se a alguns pequenos pratos como o vatapá, subsidiário do acarajé e do abará. O angu acontece em muitos cardápios votivos de divindades, ora constituindo-se em alimento isolado ou complementar de outras comidas, geralmente assados ou fritos à base de azeite-de-dendê (Rio, Pernambuco e Bahia).

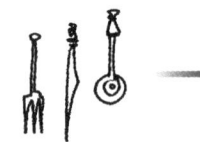

Angu de arroz – O fubá de arroz é preparado com leite de coco, passando pelos temperos comuns de sal. O angu de arroz é preparado com colher de pau, mexendo sempre até chegar à consistência desejada. O alimento é complemento do vatapá, caruru, omalá e outros que tenham condimentos mais acentuados (Rio).

Aôro – Alimento à base de feijão-fradinho, na forma de bolinhos cozidos, e que são apresentados como uma farofa acrescida de azeite-de-dendê (Rio Grande do Sul).

Arroz branco e mel – Arroz branco cozido, adicionando-se mel. Um alimento de Nanã (Rio Grande do Sul).

Arroz de couve – A inclusão de diferentes pratos de tão diferentes procedências nos cardápios dos terreiros demonstra um permanente processo de dinâmica cultural. Arroz de couve, por exemplo, é um prato lusitano, integrando a mesa festiva da Casa das Minas, como também maionese e tabule, 65 pratos japoneses ocorrem em terreiros de Candomblé na cidade de São Paulo (Maranhão).

Arroz de hauçá – O arroz é preparado de maneira tradicional, cozido em água e sal. O arroz deve ficar em papa, e isso é feito mexendo-se a panela com uma colher de pau. O arroz pronto e endurecido fica esfriando, enquanto a carne-seca é preparada e cortada em tiras, tendo o tempero de sal e cebola. Mistura-se tudo e está pronto o primeiro tipo de arroz de hauçá. Outra maneira de preparar esse arroz é a seguinte: o arroz é preparado normalmente, adicionando-se cebolas, camarões secos, condimentos à base de pimentas, azeite-de-dendê, sendo os temperos ralados em pedra ou moinho, tornando-se uma massa de cor, que é misturada ao arroz duro, e tiras de carne-seca fritas são colocadas por cima do prato. O arroz de hauçá também é preparado assim: o arroz é cozido com o tempero único do *ouri* ou *ori*, não levando qualquer outro tipo de tempero nem sal. A massa de arroz é bem misturada, servindo-se em tigela de louça branca (Bahia).

Arroz de Nanã – O mesmo que o arroz de Oxalá. O alimento não possui condimentos e mantém os relacionamentos entre Oxalá e Nanã, casal mitológico do lendário iorubano (Bahia e Rio).

Arroz de Oxalá – Alimento preparado com arroz cozido sem tempero. Cozinham-se dois ovos de galinha de capoeira, colocando-os no arroz e regando-se com mel de abelha (Alagoas).

Arrumadinho – Prato formado por carne de charque, feijão e farinha de mandioca. Cada ingrediente é arrumado especialmente em um mesmo recipiente, daí o nome (Pernambuco).

Assados de caboclo – Geralmente, nas grandes festas dos candomblés-de-caboclo, são imolados caprinos e aves; o novilho é especialmente dedicado ao caboclo patrono do terreiro. Os axoguns, seguindo os preceitos, sacrificam o novilho, que é preparado para atender aos muitos pratos do cardápio específico das festas dos caboclos. A cabeça e as patas são colocadas no assento cerimonial. Os *ixés* acompanham os preceitos próprios na cozinha e as carnes do novilho são assadas na brasa, num conjunto de churrascos, como falam os praticantes: *Na festa tem o churrasco do caboclo*. As carnes preparadas com os condimentos comuns da culinária profana são assadas e servidas em grande ajeum, onde todos partilham do churrasco, que geralmente é acompanhado de cerveja e outras bebidas (Rio).

Assados de Exu – Os animais sacrificados nas matanças de Exu são preparados seguindo critérios próprios. Os *ixés* têm sua feitura específica, com azeite-de-dendê, e as carnes são postas na brasa, ficando os assados ao gosto do cardápio de Exu. As carnes de caprinos e aves são tostadas, depois ocupam o peji, e a maior quantidade é servida em ajeum (Rio).

Atã – Bebida ritual de limão ou de outros extratos de frutas com açúcar (Rio Grande do Sul).

Até – Quiabos cozidos e temperados com azeite-de-dendê e mel (Maranhão).

Bacalhau à martelo – Bacalhau cozido e desfiado ou em pequenos pedaços, acrescentando-se temperos frescos e verdes. Um tipo de salada. Alimento tradicional do afoxé Filhos de Gandhi, marcando o ciclo carnavalesco, enquanto também é um alimento de obrigações religiosas para Exu e outros orixás e antepassados (Rio de Janeiro).

Badofe – Prato feito com cabeça de boi temperada com sal e alho. A carne é cozida com azeite-de-dendê, camarão, cebola, gengibre, bejerecum e lelecum, em massa; misturando-se bem todos os condimentos, adicionam-se folhas de língua-de-vaca e quiabos cortados como se fosse para um caruru. Come-se o badofe com angu ou acaçá (Bahia).

Baguiri de Nanã – Alimento feito com três bagres fritos no azeite-de-dendê, temperados com coentro e cebola. Cozinham-se camarões de água doce, recebendo os mesmos temperos e azeite-de-dendê (Alagoas).

Batata-doce frita – Rodelas de batata-doce fritas no azeite (Rio Grande do Sul).

Beinhã – É um alimento preparado com raiz de inhame cozido e um pouco amassado, que forma uma papa. Os temperos nesse prato não acontecem, sendo simples o seu preparo (Pernambuco).

Benguê – O milho branco comum para o preparo da canjica é cozido até ficar quase uma papa, colocando-se açúcar. A massa é colocada em tigelas de louça, para esfriar; depois é servida nos pejis em honra aos orixás que se alimentam de benguê, entre outros pratos. Também é conhecido por denguê ou dengué (Bahia).

Bife de Ogum – Pedaços de carne bovina em azeite-de-dendê. A carne é bem condimentada, passando pelos temperos de sal e cebola. O bife é servido em utensílio de barro, colocando-se cebolas adicionais e dendê, completando as necessidades culinárias desse prato de simples execução, mas de alto significado ritual para os adeptos das práticas africanistas. Tal como os assados de Exu, a carne pode ser assada em grelha de carvão, tostando com os temperos em honra a Ogum e também a Exu, em cujo cardápio votivo as carnes fritas e chamuscadas têm alta importância ritual (Rio).

Bobó de inhame – O inhame é cortado em pedaços, cozido e escorrido em peneira. O azeite-de-dendê é fervido com os temperos à base de cebola, camarão seco, sal e gengibre. O tempero é preparado em massas, adicionando-se camarões inteiros. O inhame é pilado, misturando-se os temperos, mexendo sempre com a colher de pau. O bobó de inhame é o principal prato no acompanhamento de carnes ou de peixes. Nas Casas das Minas e de Nagô, é chamado e conhecido por *abobó*, podendo, também, ser feito com feijão-branco, sendo importante elemento da culinária dos voduns. Observamos, também, o bobó preparado com raízes de aipim, substituindo a massa de inhame. Ainda há o bobó de fruta-pão, sendo de uso mais restrito, mas, no entanto, os mesmos procedimentos culinários são mantidos (Maranhão e Rio).

Boi de inhame – Alimento ritual preparado com uma raiz de inhame cozida em azeite-de-dendê, sendo que o cozimento não é demorado. O inhame é colocado em recipiente, quando recebe palitos de madeira, servindo de enfeite e representação simbólica de cunho religioso. O boi de inhame é alimento característico do orixá Ogum (Rio e Bahia).

Bolas de inhame – O inhame descascado é cozido com o tempero de sal e limão. As raízes, bem cozidas, são piladas, até obter a massa temperada e, com as mãos, são preparadas bolas, que servem de acompanhamento a muitos pratos condimentados, como o caruru. As bolas de inhame ocupam destacado lugar na culinária ritual dos terreiros afro-brasileiros, sendo oferecidas como alimento isolado de outros pratos à base de dendê, camarões e demais temperos de cor (Bahia).

Bolinhos de dendê – Utiliza-se fubá de milho vermelho. Temperando esta massa com sal e pimenta, coloca-se em forma de bolinhos no azeite-de-dendê fervendo. Retiram-se os bolinhos na quantidade específica da divindade. É alimento característico de Exu (Alagoas).

Bolinhos de egum – É alimento muito comum, preparado com bolas de farinha de mandioca e água, que não se leva ao fogo para cozinhar. Não se utilizam instrumentos culinários, usando-se apenas as mãos. Os bolinhos vão tornando-se médios e neles colocam-se pedacinhos de carvão, estando prontos para o ritual, de acordo com os preceitos necessários (Bahia e Rio).

Bolinhos de Iemanjá – Leite de coco, ovos, açúcar, manteiga e polvilho. Todos os produtos são misturados, formando uma massa que, em pequeninas porções, é assada em forno. Esse alimento é outro que surge do grande processo de aculturação e, nesse caso, é uma criação estranha à culinária tradicional dos terreiros afro-brasileiros (Rio).

Bolinho de Oiá ou Iansã – Ovos batidos inteiros, gemas, açúcar, erva-doce e canela, aí são adicionadas massa de milho e farinha de trigo; juntam-se, também, manteiga e banha até formar a massa desejada, e coloca-se em forminhas. A massa é assada e servida em pequenas porções. Evidentemente, esse prato já é o resultado da influência de pratos de massas que vão ao forno, fugindo do costume afro-brasileiro de se utilizar o cozimento em lenha e em utensílios de cerâmica. Os doces comuns nas casas e os bolos tradicionais determinaram o aparecimento desse alimento no ritual de Iansã (Rio).

Bolo de tapioca – Alimento votivo das festas do Divino Espírito Santo no Maranhão e relacionado a *Nochê Sepazim* (Maranhão).

Bolos do Divino – Bolos ricamente trabalhados com enfeites em papel e outros materiais que marcam a festa do Divino Espírito Santo no Maranhão. Em destaque, as mesas de fé, onde os bolos são dedicados aos voduns que são identificados por símbolos próprios ou imagens de santos católicos relacionados aos deuses africanos (Maranhão).

Camarão de Iemanjá – O camarão fresco é cozido com o sal, cebola, leite de coco e ovos batidos. Todos os produtos são misturados e cozidos, sendo colocados, depois de prontos, em tigela de louça, própria para as comidas de Iemanjá. Em seguida, é levado ao peji desse orixá (Rio e Bahia).

Canjerê – Alimento preparado com camarão seco, castanha e amendoim. Os ingredientes são cozidos, não havendo nem temperos nem azeite-de-dendê. O canjerê é de fácil preparo, podendo ser servido como alimento acompanhante de carnes e papas (Pernambuco).

Capitão – Bolo de feijão, farinha de mandioca e pimenta. Alimento dos Ibejis (Bahia).

Cariru – Preparado com fubá de arroz, farinha seca de mandioca, quiabo, camarão defumado e ou salgado, tudo bem pilado artesanalmente, podendo ser servido em forma de bola. Prato tradicional dos Jeje (Maranhão).

Caruru – Utilizam-se quiabos cortados em pedaços pequenos, que são lavados para conter um pouco a baba. O quiabo é temperado com sal, camarão seco, cebola, amendoim, castanha, podendo ainda levar favas africanas. O caruru tradicional é bem mais complexo em sua feitura, e há necessidade de ervas, tais como a bertalha, unha-de-gato, capeba, bredo-de-santo-antônio, oió, almeirão, acelga, nabico, mostarda, espinafre e outras folhas. É comum a utilização de peixes, carne-seca, frangos e frangas, que são sacrificados através de rituais em honra dos Ibejis e erês. Essas carnes são temperadas de modo comum e adicionadas, na vasilha, de quiabo, ervas e condimentos. É importante a fartura do bom dendê, feito da flor, e assim está pronto o prato predileto dos santos gêmeos. O caruru é servido em gamela de madeira ou tigela de barro em forma redonda. Segundo os preceitos, as crianças comem com as mãos, sem se utilizarem de talheres. Em pequenas najés são retiradas porções especiais, indo ocupar lugar nos pejis. É de tradição colocar três, sete ou 12 quiabos inteiros no caruru, tornando-se uma obrigação comum, mesmo nos carurus de uso profano realizados fora do ciclo de setembro (ver o capítulo "Caruru dos Ibejis") (Bahia e Rio).

Chocolate – Chocolate, leite e ovos batidos em recipientes de barro, especialmente o alguidar, constitui-se em uma bebida especial nas festas do Divino Espírito Santo e Voduns cultuados nos mesmos rituais públicos e coletivos (Maranhão).

Chossum – Alimento preparado com carne de caprino sacrificado em honra aos voduns. A carne é temperada com camarões secos moídos e azeite-de-dendê, cozinhando-se todas as partes do caprino, menos os miolos, que são preparados em separado (Maranhão).

Churrasco – Carnes de boi, aves e outros animais são preparados seguindo procedimentos convencionais do prato, podendo, ainda, integrar farofa de farinha de mandioca (Rio Grande do Sul).

Cioba com dendê – Peixe preparado com temperos à base de cebola e azeite-de-dendê. Comida do orixá Oxum (Pernambuco).

Cocada – Doce à base de coco que recebe açúcar e adquire consistência dura e mole. São acrescidos sucos de diferentes frutas (Bahia).

Coco torrado – Alimento que integra o *arrambam* (Maranhão).

Comida de Hangorô – Carne bovina, o lagarto inteiro, temperada com camarão seco, cebola e azeite. O caldo do tempero é utilizado para cozinhar o feijão-fradinho que, depois de pronto, é colocado numa travessa de cerâmica, cobrindo a carne preparada. Essa comida também é endereçada ao inquice Zingalumbombo. Acompanha esse prato sagrado a banana-da-terra frita em azeite-de-dendê (Rio).

Cuscuz de tapioca – É o tradicional cuscuz de coco e tapioca doce, tão ao gosto dos brasileiros. O cuscuz de tapioca servido para os orixás é o mesmo que costumamos consumir no café da manhã ou como sobremesa. Leite e raspas de coco, açúcar e tapioca são misturados até formar a massa do doce. Esse alimento não é preparado em fogão, levando um bom tempo para ficar pronto (Rio).

Doboru – É a tão conhecida pipoca de milho, preparada da mesma maneira que as pipocas comuns, colocando azeite-de-dendê ou mel de abelha, depois de prontas, no prato ritual do orixá. A pipoca, também chamada de flor, flor-de-Omolu, flor-de-Abaluaiê, pode ser preparada ainda com o azeite-de-dendê, que colore o milho aberto, através de seu besuntamento. O doboru também pode ser guarnecido de coco em pedaços e raspas, aumentando o sabor das pipocas de azeite, ou regado com mel de abelha. Esse alimento também é chamado de *boruboru* (Rio e Bahia).

Dovró – Alimento preparado com feijão-fradinho cozido e sem pele, as porções são colocadas em folhas de guarumã com azeite-de-dendê, deixando cozinhar em banho-maria (Maranhão).

Eba – Tipo de angu feito de farinha de mandioca.

Ebô – Alimento preparado com milho branco que, depois de ficar depositado em vasilha com água, é pilado e cozido. Há tipos distintos de ebôs, quando se coloca o ori como único produto adicional. O ebô é feito com azeite-de-dendê e a massa pode conter feijão-fradinho torrado. Fervendo os dois produtos até obter a massa desejada, complementa-se com azeite-de-dendê e sal. Coloca-se o alimento em prato especial até esfriar, levando-se ao interior do peji, onde é oferecido ao orixá (Bahia e Rio).

Ebô de Iemanjá – É um prato à base de milho branco. Fica na água para amolecer, e depois é cozido com camarão seco, cebola, sal e azeite-de-dendê. É alimento predileto de Iemanjá, sendo servido em utensílios de louça (Rio).

Ecuru – É um alimento preparado com feijão-fradinho, seguindo os mesmos procedimentos para o acarajé. A massa temperada é cozida em porções envoltas em folha de bananeira. É preparada com mel de abelha em quantidade, um pouco de sal e um pouco de azeite-de-dendê, tornando-se uma farofa especial, que é servida como prato isolado ou acompanhando outros alimentos rituais dos deuses africanos (Bahia e Rio).

Edeum maior de Omolu – Alimento feito com queijo-do-reino, presunto, doboru sem sal e azeite-de-dendê. No utensílio de Omolu, arrumam-se o queijo e o presunto, colocando-se em seguida os doborus e o azeite-de-dendê em quantidade (Alagoas).

Efó – Utilizam-se folhas cozidas de língua-de-vaca passadas pela peneira. Depois, são amassadas com os condimentos: azeite-de-dendê, camarão seco, sal e outros produtos comuns. O peixe é preparado em separado, sem qualquer tempero. A carne é desfiada e misturada com as folhas preparadas de língua-de-vaca, e todos os produtos são levados ao fogão. O efó também pode ser preparado com folhas de mostarda em substituição à língua-de-vaca, mantendo todos os rigores do preparo deste prato, consumido com arroz branco comum ou de hauçá (Bahia e Rio).

Efum aguedê – A banana tipo São Tomé, um pouco verde, em fatias e sem casca, é posta ao sol para secar. Depois de dias secando, as fatias de banana são piladas, formando-se uma farinha especial que recebe o nome de efum aguedê. A farinha é utilizada no preparo de papas e como farinha, acompanhando carnes, especialmente peixes bem temperados com dendê e outros produtos de cor (Bahia e Rio).

Eguedê – Banana frita em lascas. O eguedê é preparado com azeite-de-dendê, alimento complementar de outros pratos, geralmente os condimentados. É comum o consumo de eguedê com farofa-de-dendê (Bahia e Rio).

Ejá de Iemanjá – Prato preparado à base de peixe temperado com cebola, sal, limão, coentro e azeite-de-dendê. O peixe é cozido com os produtos, podendo ser acrescidos outros condimentos, como favas africanas e ervas especiais. O *ejá* é um peixe de preparo similar aos moquecados consumidos na culinária profana (Rio).

Ecá de Exu – O mesmo que padê de Exu (Pernambuco).

Ecó – Tipo de bebida ritual com água e azeite-de-dendê (Rio Grande do Sul).

Eofupá e eofunfum – Prato preparado com inhame. Tempera-se com azeite-de-dendê, misturando-se às raízes, formando uma papa. Ao inhame cozido e ainda quente, amassado sem o azeite-de-dendê, chama-se *eofunfum* (Pernambuco).

Erã peterê – Pedaços de carne fresca no azeite-de-dendê. A carne é apenas temperada com sal, é mal frita no azeite bem quente e depois oferecida ao orixá específico. Geralmente, acompanha outro prato condimentado ou com farofa-de-dendê. O *erã peterê*, após sua feitura, é colocado em prato específico, podendo-se adicionar molhos especiais conforme o motivo do preceito ou a obrigação ritual (Bahia).

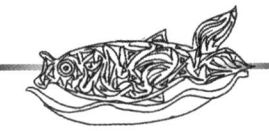

Farinha de Azogri – Farinha de milho torrado e açúcar, artesanalmente preparado no pilão e pertencente ao ritual do *Arrambam* (Maranhão).

Farinha de cachaça – Farinha de mandioca, água e cachaça, misturada com a mão no próprio utensílio em que será servida. (Rio).

Farinha de cachorro – O mesmo que farinha de Xapanã (Rio Grande do Sul).

Farinha de Xapanã – A base é de farinha de mandioca, que se adiciona açúcar e amendoim. Um tipo de paçoca (Rio Grande do Sul).

Farofa amarela – O mesmo que farofa-de-dendê (Bahia).

Farofa de azeite – Farinha de mandioca, água e azeite, não recebendo qual-quer tipo de tempero ou condimentos. É preparada com a mão, no mesmo utensílio em que será servida (Rio).

Farofa-de-dendê – Popular e de consumo variado, a farofa-de-dendê é alimento característico e marca a presença ritual dos deuses africanos nas mesas brasileiras. A farofa-de-dendê é preparada com farinha de mandioca, dendê e sal. Também pode ser preparada com cebola, camarões fritos ou em massa condimentada. É conhecida por farofa de azeite, farofa amarela e farofa de azeite-de-dendê, complementar de muitos pratos. É chamada de *mi-amiami* quando é endereçada ao padê de Exu. Além da farinha de mandioca comum, podem ser utilizadas a de guerra ou a farinha-de-pau. Adiciona-se um pouco de aguardente, tempera-se com um pouco de sal e mel de abelha, seguindo os preceitos votivos ligados a Exu, incluindo a maneira de preparar. O padê de Exu é ato que precede qualquer cerimônia de cunho privado ou público dos terreiros africanistas (Bahia e Rio).

Farofa de Egum – O mesmo que farofa branca (Rio e Bahia).

Farofa de Exu – Prato que é consumido pelas pessoas que participam dos rituais de matança dedicados a essa divindade. A farinha de mandioca torrada e condimentada é servida com as carnes das aves sacrificadas. As carnes, bem assadas e temperadas, são misturadas na farinha preparada, ocupando o mesmo recipiente. Assim é servida a farofa de Exu, cuja porção é antes colocada em seu peji (Rio).

Farofa de mel – Utilizam-se farinha de mandioca e mel de abelha. Misturam-se bem os ingredientes com as mãos, sem levar ao fogo. Esse alimento ritual não leva qualquer condimento e é de fácil preparo (Bahia e Rio).

Farofa vermelha – O mesmo que farofa-de-dendê (Rio).

Feijão de azeite ou omolocum – Prato preparado com feijão-fradinho cozido em água e temperado com sal. O feijão é bem cozido e passado na peneira. É preparada uma massa de camarão seco, cebola, azeite-de-dendê e sal que é misturada com o feijão, que está seco, tornando-se uma comida de atraente sabor. O prato é complementado com ovos cozidos. O omolocum também pode ser feito com feijão-branco. Geralmente, o omolocum completa pratos à base de peixe ou é consumido com farofa-de-dendê. É um dos pratos mais populares da culinária ritual afro-brasileira (Bahia e Rio).

Feijão de Omolu – Alimento ritual de Omolu, preparado com feijão preto, contendo carne de porco sacrificado em honra a esse orixá. Tempera-se com camarão seco, sal e azeite-de-dendê (Rio).

Feijoada de Ogum – O feijão é preparado com os temperos comuns, como coentro, cebola, sal e outros condimentos; é servido com as carnes da tradicional feijoada, que contém peles, toucinho, lingüiça, partes do porco e carne-seca. O feijão, com fortes condimentos, é preparado geralmente ao ar livre, em grande panelão, ao fogo brando, cozinhando-se lentamente os produtos. A prática exige que todos os participantes da feijoada consumam a comida sem utilizar talheres, colocando nela boas porções de farinha de mandioca, preparando, assim, pequenos bolinhos. As filhas-de-santo, em volta dos pratos arrumados em esteiras no chão do terreiro, aguardam a vinda dos orixás, e os atabaques tocam em honra de Ogum. Quartinhas com sangue de sacrifício e inhame cozido com azeite-de-dendê centralizam a esteira. Após a vinda dos orixás, os pratos com a feijoada são levados ao salão e vão ocupar lugar no peji do santo homenageado. Toda a assistência participa, comendo do mesmo feijão que foi servido, em parte, no início do ritual. As quantidades são repetidas, de acordo com a vontade de cada um. Os ogãs, músicos e demais iniciados também participam do banquete. A feijoada de Ogum é servida às 12 horas, em data próxima ou no dia 13 de junho, dia de Santo Antônio. Seu preparo é de alto significado ritual, representando a união do trabalho e da fé (Bahia e Rio).

Fungi ou fugi de Angola – É o tão conhecido pirão, presente em muitos pratos de nossa culinária. O *fugi* é complemento de carnes, preparados de folhas e de outros alimentos. Não é restrito à culinária profana, sendo de grande freqüência no interior dos pejis (Rio).

Furá – Mingau de farinha de arroz, fermentado, onde se acrescenta gengibre, maracujá e outras frutas (Maranhão).

Guisado de tartaruga – Ensopado com a carne da tartaruga, acompanhado de farofa de farinha de mandioca. Pode-se servir no próprio casco do animal (Rio Grande do Sul).

Ian – Inhame bem cozido e pilado artesanalmente.

Ibegu de Exu – Comida ritual preparada com fubá de arroz. Cozinha-se a farinha com água e sal, fazendo-se uma papa. Depois de pronta, juntam-se farofa-de-dendê e carne crua, dos sacrifícios, de caprinos e aves. Todos os alimentos ficam misturados em um único utensílio, e está pronto para ser servido e levado ao peji de Exu (Pernambuco).

Ipeté ou peté – Alimento preparado com raiz de inhame descascada em pequenos pedaços e cozida em água e sal. O inhame bem cozido é misturado com os temperos de massa de camarão seco, cebola e azeite-de-dendê. O *ipeté* ou *peté* é alimento de uso restrito, especialmente situado nos preceitos públicos de Oxum, que recebe o nome de seu alimento principal, o *ipeté* (Bahia e Rio).

Ixé – Alimento ritual preparado com os miúdos e demais órgãos dos animais sacrificados nos rituais de matança. Os cozimentos e temperos das partes específicas ficarão condicionados às divindades que serão alimentadas, ligando também essa comida ao tipo de cerimônia. O *ixé* é de grande importância para as práticas dos terreiros, pois os alimentos retirados dos animais da matança são fundamentais para o culto, sendo parte integrante do axé. O *ixé* é guardado no santuário até sua retirada ritual, que é acompanhada dos mesmos preceitos e rigores do seu oferecimento: no período de três ou sete dias, o *ixé* é retirado nos assentos das divindades, seguindo-se a limpeza pelo ossé dos objetos do santuário. O *ixé* é a união da divindade aos animais votivos, que funcionam para os rituais afro-brasileiros como verdadeiros prolongamentos das atribuições mágicas dos próprios mitos (Bahia e Rio).

Lelé ou lelê – Prato preparado com milho e leite de coco. Utiliza-se o milho miudinho, vindo do chamado milho vermelho, e o tempero é à base de canela, cravo, sal e açúcar. Todos os ingredientes vão ao fogo, tornando-se uma massa consistente, adicionando-se sempre um pouco de leite de coco.

O lelé, depois de esfriar, fica bem durinho, pronto para ser oferecido (Bahia e Rio).

Levanta saia – Bebida preparada com diferentes ingredientes alcoólicos, frutas e especiarias, todos fermentados em recipientes de barro (Pernambuco).

Macaxeira – Macaxeira (aipim) cozida com ou sem condimentos (Rio Grande do Norte).

Manjá – Trigo ou maisena, leite de coco e açúcar fazem o prato que é colocado em fôrma e depois servido para os voduns e os homens (Maranhão).

Manjar do céu – Prato à base de maisena, acrescentando-se leite de coco, suco de maracujá e canela, endereçado a Iemanjá, Oxum e Ewá, vistas também como Nossa Senhora da Conceição (Maranhão).

Manuê – Preparada com raízes de mandioca e aipim, tem-se a massa conhecida como puba, um pouco fermentada pelo tempo de molho da água. A puba é peneirada, formando, por isso, uma farinha especial, com a qual o *manuê* é preparado, como uma papa, formando bolinhos com açúcar, envoltos em folha de bananeira ou em palha de milho, cozinhando-se como se faz no preparo da pamonha de milho e coco (Rio).

Manteiga de ori – Espécie de manteiga vegetal, procedente do *emi*, árvore africana. É usada para fins medicinais e rituais religiosos. Também conhecida como limo-da-costa (Bahia).

Massa – Prato preparado com arroz ralado. Após o cozimento, formam-se bolas, polvilhadas com arroz; pode-se dissolvê-las em água e açúcar ou colocar azeite-de-dendê ou mel de abelhas, acompanhando e guarnecendo outros pratos da culinária sagrada dos deuses africanos. Manuel Querino, em seu livro *A arte culinária na Bahia*, refere-se à massa como um alimento da predileção do negro muçulmano na Bahia (Bahia).

Matete de milho – Preparado de milho branco cozido, leite e açúcar, que se mistura até a massa chegar ao ponto desejado. O alimento, depois de pronto, é colocado no prato especial e complementado com mel de abelha. O *matete* é o mesmo mungunzá tão comum no Nordeste. Existe o tipo de cortar, quando se acrescenta fubá de arroz, dando à massa de milho branco maior liga. Esse tipo é mais comum para o uso profano. São conhecidos ainda o de milho branco e o de milho vermelho (Rio).

Mi-amiami – Tipo de farofa contendo farinha de mandioca e azeite-de-dendê (Rio Grande do Sul).

Milho de Iemanjá – O milho branco é cozido e a água é retirada, deixando o milho bem solto. Adiciona-se pequena porção de azeite-de-dendê, colorindo o milho por inteiro. O alimento é colocado em tigela de louça e está pronto para ser servido ao orixá em seu peji (Rio).

Milho de Oiá ou de Iansã – É um prato à base de milho verde, cozido até que os grãos se soltem da espiga. Utilizando-se uma vasilha de barro, colocam-se o milho e as espigas cozidas com mel de abelha, estando, assim, pronto esse alimento ritual (Rio).

Milho de Oxumarê – A massa de milho vermelho, depois de ficar em vasilha com água, é preparada com azeite-de-dendê em pedaços de folha de bananeira, onde as porções são colocadas. O alimento é posto no prato do orixá, podendo receber mais porções de azeite-de-dendê, estando pronto para ocupar o seu lugar no peji do orixá (Rio).

Milho torrado – Milho torrado e dendê, acompanhando batata inglesa (Rio Grande do Sul).

Mingau de Egum – Ver mingau de Nanã.

Mingau de Nanã – Alimento preparado com farinha de arroz cozida em água sem ervas nem temperos. Quando a papa estiver quase endurecida, é retirada do cozimento, colocando-se em utensílios de louça, estando pronta para ser servida à divindade (Rio).

Moqueca de peixe – Peixe preparado com os condimentos comuns, à base de coentro, cebola, sal e limão, além do vinagre. O peixe é colocado para cozinhar com pimenta malagueta, tomate e azeite-de-dendê, sendo também comum e de tradição preparar a moqueca de peixe com dois tipos de azeite, o de oliva, ou doce, e o de cheiro, ou de dendê (Bahia).

Molho nagô – Molho que se usa para acompanhar alimentos como o acarajé, abará, arroz de hauçá, entre outros. O molho é preparado com azeite-de-dendê, cebola, camarões secos e boa quantidade de pimenta malagueta. Assim, adquire uma consistência que lembra uma pasta, exalando cheiro peculiar e tentador.

Monofum – Alimento ritual preparado com quiabos em pedaços e azeite-de-dendê, colocando-se após um bolo de fubá de arroz no mesmo utensílio (Maranhão).

Mungunzá tizana – É a canjica de milho branco, preparada com o produto bem mole pelo tempo de repouso na água. São acrescidos leite de animal e de coco. Durante o cozimento, são colocados pedaços de coco, e o prato é temperado com cravo, açúcar e canela. Cozinha-se demoradamente até tornar-se uma espécie de papa (Rio).

Nhálas – Alimento à base de asas e pés das aves sacrificadas que é acompanhado com pirão de farinha de mandioca (Rio Grande do Sul).

Ocasseô – O ajapá, após o sacrifício em honra a Xangô, é preparado para o ocasseô, com carne temperada, utilizando-se coentro, sal e cebola ralada. A carne, depois de algum tempo no tempero, é passada pelo moinho, formando uma espécie de bolinhos que, depois de enrolados, são postos em folhas de bananeiras e vão ao fogo em banho-maria. Depois de prontos, são colocados no casco de ajapá e servidos dentro dos preceitos pertinentes ao orixá, em seu peji (Rio).

Olelé – Massa preparada com feijão ralado, com a qual se faz um bolo cozido no vapor da água fervente. Sem condimentos e azeite-de-dendê (Pernambuco); o mesmo que o *abará* baiano (Rio Grande do Sul).

Olubó – Prato preparado com raízes de mandioca descascadas e secas ao sol. A mandioca é pilada e, em seguida, levada ao fogo em água, tornando-se um pirão que, depois de frio, é servido às divindades africanas (Bahia).

Omalá – Prato predileto do cardápio ritual do orixá Xangô. O *omalá* é preparado com quiabos cortados em rodelas bem finas, temperados com cebola, camarão seco e azeite-de-dendê. É de preceito e tradição colocar 12 quiabos inteiros na gamela de madeira onde é servido o *omalá*, guarnecendo com acaçá, sem folhas de bananeira. É assim recebido no peji de Xangô o seu prato principal, condicionado às lendas desse orixá guerreiro e justo, forte pelos seus princípios vitais de controle dos elementos meteorológicos da natureza. O *omalá* também possui outros procedimentos culinários: pode-se prepará-lo com carne bovina, utilizando-se a carne do peito, temperada e colocada com os quiabos e os ingredientes já enumerados. O *omalá* é preparado com rabada de boi, cozida e bem temperada, adicionando-se os quiabos e o azeite-de-dendê. O *omalá* de Xangô é servido com os rigores dos rituais dos terreiros de candomblé. Ao som do alujá, as iabás levam a gamela em entrada solene ao peji, acompanhando os ritmos com palmas e agitando o *xeré*. O dirigente da cerimônia oferece o *omalá* em honra a Xangô,

devendo o alimento ficar no santuário de seis a 12 dias. Esse alimento é também endereçado a Iá Massê Malê, ou Baianim, figura mitológica da família de Xangô, acontecendo no 12º dia do ciclo festivo do orixá das trovoadas. Por relacionamentos rituais, todas as divindades ligadas ao ciclo mitológico de Xangô também recebem o *omalá* como alimento votivo, maneira de união entre os elementos da mesma família sagrada. É preceito o oferecimento do *omalá* de Xangô em gamelas de madeira, juntamente com o orobê, fruto votivo desse orixá. Xangô come também o obi na cerimônia do *aramefá*, quando as iabás, ricamente trajadas, dentro dos rigores das indumentárias dos terreiros de Candomblé, oferecem ao orixá Xangô o obi, cerimônia única e de grande significado religioso. O *omalá* também é conhecido popularmente como *amalá*, podendo tornar-se designação genérica para os alimentos rituais das divindades afro-brasileiras (Bahia e Rio).

Omalá de Ogum – É preparado com feijão-fradinho, que fica de molho até se tornar bem mole para o cozimento. São adicionados camarões secos, ralados com sal e cebola, colocando-se bastante azeite-de-dendê. A água do cozimento do feijão é retirada, ficando apenas os grãos cozidos e temperados. Pronto o *omalá* de Ogum, é servido em tigela própria desse orixá (Rio).

Opeté – Bolo preparado com batata inglesa (Rio Grande do Sul).

Orufá – Variante do opeté (Rio Grande do Sul).

Oxoxô – Esse prato também é conhecido popularmente como *axoxó*, sendo preparado com milho debulhado e cozido ou canjiquinha de milho vermelho temperada com erva-doce e açúcar. O tempero pode também ser à base de sal. Pedaços de coco complementam o oxoxô (Bahia e Rio).

Padê – É alimento ritual que caracteriza o início das cerimônias dos terreiros de Candomblé. O padê é endereçado a Exu, servindo de alimento votivo, que condiciona a ação do mensageiro dos deuses, bem como suas propriedades mágicas. O padê é feito de farofa-de-dendê, colocada em recipiente especial, farofa branca, quartinha contendo água, podendo, ainda, ter o complemento de acaçá e mesmo de acarajé. Esse conjunto de alimentos é denominado padê.

Pamonha – Massa de milho verde cozida na própria folha. Alimento de Oxóssi (Rio Grande do Sul).

Papa de pão velho – Tipo de pirão dedicado ao orixá Nanã (Rio Grande do Norte).

Pirão de creme de arroz – Alimento do orixá Nanã (Rio Grande do Norte).

Polenta – Alimento à base de milho. Certamente pela coloração amarela, símbolo de Oxum, relaciona-se o alimento ao orixá (Rio Grande do Sul).

Pratos de Nanã – Conjunto de alimentos rituais dedicado ao orixá Nanã, constituindo-se em cerimônia pública dedicada a essa divindade, quando, ao modo do olubajé, as comidas entram no barracão em cortejo ritual, levando as iniciadas, constituindo-se de carnes dos sacrifícios, peixes, acaçás, abarás, doboru e muitos outros quitutes dos cardápios votivos dos orixás. Os pratos de Nanã são uma cerimônia realizada no ciclo festivo de Sant'Ana. Os alimentos vêm do peji e são servidos ao público em geral e iniciados presentes a essa alimentação sagrada. Grandes preceitos norteiam as práticas da alimentação de Nanã, divindade das chuvas, da lama e da fertilidade (Bahia).

Queimados – Doces que apresentam diferentes usos do coco. Coco em tirinhas, coco ralado e geralmente queimado, talvez daí o nome.

Quibebe – Alimento que possui algumas variantes em seu preparo. Pode ser feito com abóbora, carne ou quiabo. O quibebe é preparado com abóbora, leite comum ou de coco e temperos, tudo passado na peneira. A pimenta ralada com camarões secos e azeite de oliva complementa os condimentos. Esse quibebe é servido como um caldo e também pode ser preparado com carne-de-sol, abóbora, pimenta, cebola, salsa e outros temperos comuns. Todos os ingredientes são cozidos até ficar uma massa e, geralmente, com a farinha de mandioca acompanhando. O quibebe preparado com quiabo e abóbora é temperado com pimenta, cebola, coentro, toucinho, levando todos os ingredientes um cozimento comum (Bahia).

Quibolo – Alimento feito à base de quiabos cortados, azeite-de-dendê, levando sal e cebola ralada. Após o cozimento, mistura-se uma papa feita de fubá de arroz, adicionando-se também as carnes das matanças que são devidamente cozidas em separado. Todos os alimentos ocupam um único utensílio, servindo, assim, ao santuário específico (Alagoas).

Quibombo – Prato preparado com quiabo e azeite-de-dendê. Amassado, torna-se uma espécie de alimento pastoso, acompanhando carnes, ou é servido puro (Bahia).

Quindim – Alimento dedicado a Oxum, provavelmente por ser um doce amarelo, feito com açúcar, ovos e coco (Rio Grande do Sul).

Quitindim de Odé – Prato preparado com amendoim cru, mel e coco picado. Misturam-se os ingredientes, sem levar ao fogo. A mistura é colocada no prato de Odé e levada ao seu peji (Alagoas).

Ressau – Alimento preparado com os miúdos de caprino (Maranhão).

Roletes de cana – Cana-de-açúcar preparada artesanalmente como rolete, com ou sem varetas que apóiam a fruta, formando conjuntos de estética peculiar. O alimento ocorre nas festas dos Ibejis ou nas cerimônias iniciáticas da *Quitanda de Iaô* (Bahia e Rio de Janeiro).

Salada com mel – Salada preparada com diferentes folhas verdes e regada com mel. Alimento do orixá Ossãe (Rio Grande do Norte).

Saladas – Pratos frescos e verdes, tomando como base as saladas convencionais de folhas e condimentos, são encontradas nos cardápios das Iabás (Rio de Janeiro).

Sarapatel – Alimento preparado à base de miúdos de porco, incluindo-se o sangue. Os miúdos são preparados com um cozimento especial, levando água e sal. Os temperos moídos, feitos de cebola, coentro, alho e pimenta-do-reino, são adicionados aos miúdos e ao sangue desfeito na fervura. A massa é bem diluída, tornando-se uma papa bem mole, podendo-se adicionar pimenta-de-cheiro no fim do cozimento. O sarapatel é complementado com farinha de mandioca, tornando-se uma farofa bem condimentada. É importante assinalar a utilização do sarapatel com finalidade religiosa, sem o uso da farinha. É servido em forma de papa, sendo, assim, do agrado de algumas divindades afro-brasileiras (Bahia e Rio).

Sarrabulho – Similar ao sarapatel baiano, miúdos e sangue, geralmente de porco. Acrescenta-se cebola, pimenta, limão, cravo-da-índia, entre outros condimentos (Bahia/Rio Grande do Sul).

Sussume – O mesmo que *chossum* (Maranhão).

Vatapá – Prato dos mais populares da mesa baiana, integra-se ao cardápio ritual religioso dos terreiros. Pães, camarões secos, camarões frescos, peixe, amendoim, gengibre, cebolas e dendê, entre outros ingredientes, fazem essa papa saborosa e de aspecto dourado e perfume peculiar (Bahia).

Vevê – Prato constituído por farinha de milho torrado, que se acrescenta azeite-de-dendê ou mel (Maranhão).

Xinxim de bofe – Miúdos de boi bem temperados, inclusive com pimentas, acrescentando-se azeite-de-dendê (Bahia e Rio de Janeiro).

Xinxim de folha de mostarda – É um alimento preparado com a folha de mostarda cozida, temperada com sal e azeite-de-dendê. Depois de pronto, pode-se misturar pipoca sem sal (Rio).

Xinxim de galinha – Prato preparado com carne de galinha em pedaços, levando cebola, sal, alho ralado em pedra ou moinho. Após o cozimento, colocam-se camarões secos, cebolas e sementes raladas, tudo com muito azeite-de-dendê. Os miúdos não entram na preparação dessa comida, podendo constituir outro prato (Bahia e Rio).

Zorô – É um alimento preparado com quiabos cortados em rodelas e camarões ensopados. O tempero é à base de coentro, cebola e sal que, ralados, são adicionados com o azeite-de-dendê. O cozimento não é demorado, e o quiabo, ainda um pouco duro, é retirado do fogo, sendo, em seguida, temperado com os ingredientes assinalados. Depois, está pronto para ser servido nos santuários, seguindo os preceitos necessários (Rio).

Animais do Sacrifício

O íntimo relacionamento entre os animais e as divindades africanas estabelece o contato e projeta nos próprios animais os sentidos da vida e da força do sangue que irá regar os objetos sagrados nos santuários.

O sangue, seiva mágica mantenedora das propriedades e do sentido dinâmico dos deuses, alimenta-os de grande sigilo, por parte dos que conhecem esses ritos secretos, que são mantidos com lastro de silêncio e temor.

As práticas privadas do oferecimento dos animais aos orixás, inquices e voduns mostram o grande respeito que os adeptos têm diante dos elementos da natureza, que são os próprios deuses.

Pessoas especialmente treinadas para desempenhar o papel de sacrificador realizam tal mister com grande respeito, procurando seguir o rigor que os rituais merecem. O ato do sacrifício com animais quadrúpedes e aves é função masculina, observando-se, no entanto, em algumas práticas, a mulher realizando tal tarefa.

Os animais escolhidos para os sacrifícios e para servirem de alimento para os deuses têm profunda identificação com a divindade obsequiada. Características mitológicas são situações análogas com a identidade dos deuses e suas representações zoomórficas, ampliando-se ao nível da zoolatria. O simbolismo dos animais reforça as características dos deuses diante do panorama mitológico e das próprias organizações religiosas.

A forte marca do carneiro, animal votivo de Xangô, projeta-se morfologicamente no oxê, machado de gume duplo. Os dois chifres do carneiro podem significar a representação do dualismo da justiça, marcando assim o principal objeto do orixá.

O peixe, situado no panorama das divindades aquáticas, representa a vida nas águas, suas implicações e situações mágicas, aparece em muitos objetos rituais das iabás, por exemplo, nos abebês, nas correntes de ibá, entre outras.

A serpente sagrada, que é Oxumarê, ou o cachorro de Ogum, imolado em sua honra, constituem representativa marca do sentido de guarda e proteção que também caracteriza esse·orixá bélico.

Assim, os animais votivos não são apenas alimentos que irão ampliar e reforçar os elos do axé em sua concepção propiciatória e invocativa. Os animais dos sacrifícios são emblemas de ordem hierárquica, de conteúdo ético, moral e especialmente religioso.

Os animais, sacrificados com os rigores pertinentes às práticas mais secretas, são cercados de preceitos, tornando-se o clímax do contato entre o adepto e a divindade. É por meio do alimento, sangue, fonte de vida, símbolo da força renovadora elementar às funções dinâmicas da divindade, que a celebração da fé ocorre. Além de partes específicas dos animais, preparadas com azeite-de-dendê ou com mel de abelha, de acordo com os preceitos e as necessidades dos terreiros, constituindo-se no chamado ixé, geralmente as vísceras temperadas.

Os animais são escolhidos para os sacrifícios pelas cores, característica racial, tamanho e sexo, e deverão possuir perfeitas condições de saúde.

Assim selecionados, poderão integrar o conjunto de ofertas nos ritos de renovação, iniciação, fúnebres, limpeza mágica e outros, onde os animais têm necessidade de sacrifício e sentido de alimentação ritual.

A música litúrgica acompanha as cerimônias das matanças, como são chamadas as práticas de sacrifícios.

Os animais, antes de ocuparem a situação final das matanças, são submetidos ao jejum e preparados de acordo com os objetos dos sacrifícios. Os quadrúpedes são enfeitados com o *mariô*, em palha de dendezeiro e assim são levados para as mãos do axogum e do atô axogum que, utilizando-se de um obé especial, realizam a matança, embora outros rituais de sacrifício ocorram sem o uso de objetos metálicos.

Todos os presentes deverão cumprir certos preceitos por estarem assistindo a esse tipo de ritual, que é de grande importância para a preparação do axé e de sua continuidade.

Para cada divindade, há uma série de animais votivos, por exemplo:

Exu – galos e bode preto;

Ogun – bodes de cores variadas, galos vermelhos e de outras cores, conquém;

Oxóssi – boi, especialmente a cabeça, bodes de cores variadas, galos, conquém, qualquer tipo de caça;

Oxum – cabra amarela, galinha, patos, conquém, pombas de cores claras.

Logum-Edé – os mesmos animais de sacrifício endereçados a Oxóssi e Oxum;

Iansã – cabra marrom, galinha, pomba, conquém, aves em cores avermelhadas;

Euá – cabra, galinha, pato, conquém, todos brancos;

Obá – cabra, galinha, pato, conquém, cágado;

Xangô – cágado, galo, carneiro, bode, conquém de cor marrom.

Nanã – cabra, galinha e conquém, animais em cores claras;

Oxumarê – bode, galo, conquém em cores claras com base no marrom;

Omolu – galo, porco, bode, conquém – cores escuras ou malhadas;

Iemanjá – carneiro, pato, galinha, cabra – branca ou de cores claras;

Oxalá – em suas qualidades Oxalufã e Oxaguiã, cabra, galinha, pombo, não podendo haver nada de cor, pois o branco é cor tabu e votiva desse orixá;

Iroco – galo, carneiro, bode, conquém malhados ou em cores claras;

Ossãe – bode, galinhas, galo em cores variadas;

Baine ou Baianim – conquém;

Ibeji – frangos e frangas em cores variadas.

Os quadrúpedes são comumente chamados de bichos de *quatro pés* e as aves de bichos de *dois pés*. Há uma equivalência de quatro aves para cada quadrúpede, podendo aparecer ainda outros animais nesse conjunto destinado ao sacrifício, chamado iabossé.

Os animais das matanças têm aproveitamento integral. Os couros são utilizados para os atabaques. As carnes e os miúdos são preparados de acordo com os preceitos específicos das cerimônias. Certas partes dos animais são guardadas como complementação simbólica para os assentamentos nos pejis; geralmente, os chifres e alguns ossos têm significado especial para o conjunto emblemático do assento.

O sentido zoolátrico está muito presente no entendimento dos deuses africanos.

A seqüência que é obedecida na colocação dos animais votivos e de suas divindades baseou-se em observações de terreiros de influência Iorubá, por meio das práticas Ketu.

A Comida dos Inquices

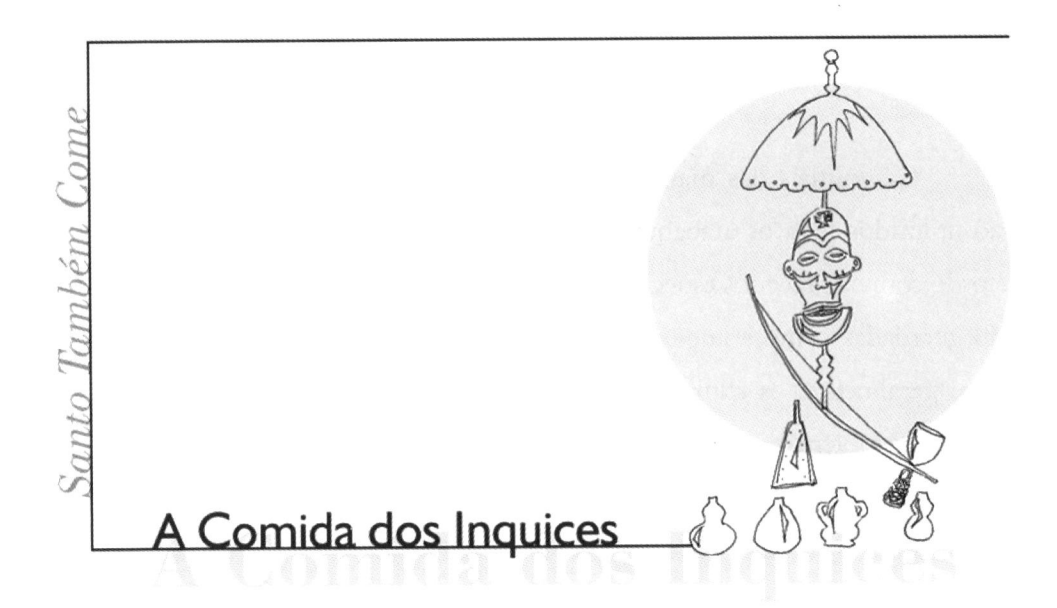

A grande tradição das práticas Angola-Congo está situada, especialmente, no Candomblé do Bate-Folha, Salvador, na roça onde as árvores sagradas de Zacaí e Upanzu recebem seus sacrifícios e alimentos, além de outras importantes práticas exclusivas dos preceitos dessa Nação em que se fala línguas Banto.

Os pejis internos dedicados aos cultos dos inquices recebem os preceitos dos rituais Angola-Congo e têm na culinária votiva momento de destaque para a manutenção dos valores sagrados e sobrevivência de tradições especiais e voltadas à África.

A marcante influência iorubana não deixou de transpirar mesmo nas comunidades tradicionais que seguem outras práticas, como a Moxicongo e Jeje.

A importância de alimentar os inquices e a fartura das comidas do cardápio ritual à assistência caracterizam as festas públicas do terreiro Bate-Folha, em sua sede, em Salvador, e no Rio de Janeiro.

O calendário é marcado por festas importantes, como a Kukuana, que é dedicada a Kajanjá, sendo uma cerimônia similar ao Olubajé das casas Ketu.

Na Kukuana, os alimentos de Kajanjá também são servidos em folhas de mamona, que funcionam como recipientes para as variadas comidas que, preparadas dentro do fundamento, irão agradar aos inquices e à assistência, que participa do grande banquete sagrado. O cortejo com as muitas comidas retiradas do santuário chega ao local público onde culmina a Kukuana.

O feijão de Omolu, amendoim torrado, abarém, milho ralado com azeite-de-dendê, doboru e outras comidas chegam ao barracão em cortejo solene e, geralmente, ao ar livre, é servido o banquete. Os banhos de doboru acontecem, atuando como purificação mágica e limpeza ritual.

As festas das iabás, englobando todas as divindades caracterizadas como femininas, têm cerimônias comuns, incluindo-se sacrifícios, alimentação e danças rituais.

Ganga come milho ralado com mel de abelha; Kissimbi, o peté; Bamburucema, o acarajé e o alapatá, além do acaçá vermelho, e o abará é servido a todas as iabás. Caiala come o ebô de Iemanjá, além dos demais alimentos à base de milho e camarões com dendê.

A festa de Vungi – divindade situada ao mesmo nível dos Ibejis para os terreiros Ketu – tem a cerimônia do caruru, onde são servidos todos os pratos comuns: acaçá, bolo de arroz, abará, acarajé, boboru, vatapá, além de carnes das matanças preparadas no azeite-de-dendê, com os condimentos característicos.

Quitembe – divindade marcante dos rituais Angola-Congo – é obsequiado, recebendo os sacrifícios de porco, cabrito, galo e boboru, além das bebidas. No assento externo de Quitembe, junto à árvore sagrada, acontecem as cerimônias.

Katendê se alimenta de feijão-fradinho torrado, além dos animais da matança, preparados com azeite-de-dendê. É um inquice ligado às folhas litúrgicas e medicinais, recebendo suas comidas em seu assento, que geralmente é externo ao peji.

Lembá tem seus pratos preparados com ori e cebola, não recebendo sal ou qualquer tempero de cor, e o dendê é tabu para os pratos desse inquice. Acaçá branco, ebô, ajabó, cabra, galinha e conquém complementam o cardápio votivo que culmina no ciclo das águas.

Mukumbe tem na raiz de inhame assado o prato de sua predileção. A raiz é cortada, colocando-se azeite-de-dendê, enfeitando-se com ponteiros de dendezeiro. Acarajé, feijoada, feijão-preto torrado, farofa vermelha e milho vermelho cozido constituem os alimentos do inquice da guerra e dos metais.

Bombogiro pode receber todos os alimentos, tendo preferência pela farofa-de-dendê e pelo feijão-preto torrado e moído. Colocam-se essas comidas em um utensílio, dividindo a metade com a farofa-de-dendê e a outra metade com feijão-preto torrado e moído. As carnes dos sacrifícios são oferecidas assadas, cozidas ou cruas, e Bombogiro recebe outras farofas, além da de aguardente.

Nas práticas do Bate-Folha, os preceitos Angola-Congo são guardados com rigor, seriedade e respeito aos inquices e ancestrais.

O Tabuleiro das Vendedeiras de Rua

As práticas dos terreiros fundamentam as atitudes das vendedeiras de tabuleiro que vemos nas ruas e praças das cidades do Rio e do Salvador. O ato de vender comida na banca ou caixa é de forte vínculo religioso, ligado às Casas de Candomblé. As comidas dos santos, os amuletos que compõem a *venda*, projetam o rigor da culinária dos templos, incluindo seus simbolismos e sentidos sagrados.

Vintém de Xangô, imagem de Santo Antônio, figas, galhos de arruda, pequenos chifres contendo ervas, contas, fitas e outros objetos mágicos constituem o alicerce ritual da banca de vendedeira, também chamada quituteira, baiana de rua, baiana de tabuleiro, baiana do acarajé, ou, simplesmente, baiana.

Essas designações são comuns e usadas pelo povo, principalmente os freqüentadores dessas bancas, que consomem as delícias das quituteiras.

Famosas e sabedoras dos mistérios dos temperos, das quantidades certas, do agrado dos santos, das horas devidas e dos dias respectivos àquele ou outro prato, essas quituteiras são elos que ligam a comida sagrada ao público, sendo um certo prolongamento dos terreiros.

Os *pontos* são os locais de venda. Novas quituteiras substituem muitas que morreram ou, por idade, que não vendem mais. As novas procuram seguir as tradições, como fritar os três primeiros acarajés em pequenas porções de massa de feijão-fradinho e despachá-los na rua, como se abrissem os caminhos para a venda total das suas comidas, obsequiando Exu e Iansã, a dona dos acarajés.

Muitos procedimentos são realizados nas casas das quituteiras antes dessas saírem às ruas com suas comidas. Invariavelmente, essas mulheres são iniciadas nos terreiros.

Por isso, têm pejis particulares, onde colocam parte das comidas que serão vendidas para o público, sempre obsequiando seus deuses patronos antes de saírem com seus quitutes.

O acarajé, axoxó, acaçá, abará, lelé e outros têm seus lugares seguros junto aos assentamentos das divindades, que recebem, em primeiro lugar, suas comidas rituais, importantes laços que unem o iniciado ao deus protetor, tutelar da vida e do seu destino.

Exu é uma divindade muito bem tratada, pois, ao dominar as ruas e a comunicação, por excelência, é aquele que irá proporcionar o dinheiro da venda.

O oferecimento de água, cachaça, farofa-de-dendê e acaçá, depositados na rua, é um procedimento comum e natural daqueles que seguem os terreiros. As vendedeiras crêem em todos esses procedimentos que compõem, com os demais, o panorama mágico do ato de vender pu-blicamente os alimentos sagrados que fazem o cardápio ritual.

É evidente a constante transformação das *vendas*. Os pontos de aproximação entre as quituteiras das cidades do Rio de Janeiro e Salvador são muitos, principalmente no cardápio. Há o consumo de receitas centenárias nos grandes centros urbanos.

Os doces industrializados concorrem para o desaparecimento dos bolos e manjares caseiros, das balas e cocadas-puxas; os cremes e as massas de milho, açúcar e leite são substituídos pelos produtos empacotados, que se limitam no sabor e que convivem com a cozinha artesanal.

Tudo é importante para a venda de banca. O traje, os fios de contas, as pulseiras, o pano-da-costa e outros detalhes constituem a indumentária-base da negra baiana. Elas não podem ser encaradas como camelôs que vendem simplesmente artigos de consumo. Elas representam o lastro de uma tradição de décadas de trabalho paciente e calmo, motivado pelos próprios procedimentos que a cozinha afro-brasileira impõe.

Ralar a massa do acarajé na pedra e no moinho, preparar o azeite-de-dendê, separar as quantidades dos temperos, respeitar as comidas e os dias consagrados aos deuses, não ofender na sexta-feira com comidas de cor, em especial as feitas em dendê, pois Oxalá só aceita os pratos brancos e sem condimentos fortes.

Essas vendedeiras tradicionais das ruas marcam, inegavelmente, a presença do trabalho das mulheres dedicadas ao santo e aos seus preceitos. O trabalho da banca dá grande permissividade para o cumprimento do calendário dos terreiros, não havendo problema de se faltar ao ponto de venda quando da necessidade de atender às obrigações dos templos.

A atividade da vendedeira de rua juntamente com as profissões de cunho doméstico formam os principais trabalhos das mulheres que se dedicam a manter o rigor dos cultos, em especial os de Candomblé, nas cidades do Salvador e do Rio de Janeiro.

Caruru dos Ibejis

A festa do caruru dos Ibejis é momento de descontração e alegria farta. O caruru, servido no rigor dos terreiros, é acompanhado de preceitos que viram ações propiciatórias das divindades gêmeas que, segundo a lenda, são filhos de Xangô com Iansã ou de Xangô com Oxum.

Os Ibejis têm lugar de culto como divindades infantis, recebendo a interpretação de um lado alegre e comum às crianças.

Há um profundo relacionamento dos Ibejis com São Cosme e São Damião, havendo representação ritual por meio das imagens católicas, quando se observam ainda, em alguns terreiros tradicionais, esculturas em madeira, possuindo em média 20 a 25cm de altura, representativas dos patronos dos partos e da fertilidade.

Essas esculturas ocupam lugar nos assentos rituais, representando os Ibejis. Os ícones são sexuados, possuindo algumas contas, em azul, amarelo, e corais.

Os Ibejis têm rituais próprios nos terreiros, onde são cultuados, como uma verdadeira família mitológica de Ibejis, famílias do terreiro. No entanto, são apenas algumas poucas casas de culto que possuem esse fundamento religioso.

Geralmente, os assentos dos Ibejis encontram-se próximos aos assentos de Xangô, Oxum e Iansã, relacionando as divindades infantis a essa família mitológica.

O caruru dos Ibejis é preparado com todos os rigores, iniciando-se com as matanças de frangos e frangas. Na gamela de madeira, as carnes foram preparadas, camarões secos e outros ingredientes são colocados junto com os quiabos cozidos e dendê, levando ainda legumes. O grande prato é coberto com farofa de azeite e ovos cozidos. O alimento fica guardado no peji junto aos ixés das matanças, até o momento da saída do caruru para o barracão.

O xirê comum é iniciado cantando-se para Exu, quando é feito o padê. A seqüência é mantida até que o dirigente da cerimônia, de dentro do peji, inicia os cânticos para a retirada do alimento sagrado. Os orixás são invocados a participarem da obrigação ritual do caruru, e todos cantam quando chega ao barracão a gamela vinda do santuário com o alimento votivo dos Ibejis.

Que min xan xó
no Beje miró.

Os atabaques e as palmas fazem os ritmos, e o caruru é colocado sobre a esteira. As crianças pequenas são convidadas a comer do caruru, e todos, ao mesmo tempo, tirando com as mãos, em lambuzada festiva, vão saborear a mistura que é sagrada – ritual que rememoriza fartura, ancestralidade e vida sagrada.

A roda dos orixás continua durante a alimentação dos Ibejis. As crianças são consultadas se estão fartas. Assim sendo, a gamela é retirada do barracão pelas próprias crianças que participaram da alimentação, levando o utensílio ao seu local de origem – o peji –, quando todos cantam:

No iapajé
no iapajé
Cololó.

A esteira e toda a comida espalhada são retiradas cuidadosamente, sendo também levadas ao peji, guardando-se até o dia dedicado ao ossé dos assentos.

A cerimônia do caruru dos Ibejis acontece geralmente num domingo à tarde. A assistência também participa da festa, tendo um ajeum preparado com o oguedê frito no azeite, farofa de azeite, doboru, abará, acarajé, feijão-preto e outros alimentos, todos servidos no mesmo prato, podendo-se utilizar garfos ou colheres para a degustação dessas comidas.

O caruru dos Ibejis é preceito de grande importância, pois o ciclo dos orixás só estará completo se os Ibejis forem alimentados com as comidas de sua preferência, relacionando-se com o pai místico Xangô, que, pelo seu alimento característico, o quiabo, é assim situado no enredo do orixá do fogo e da justiça.

A prática do caruru dos Ibejis é também desenvolvida de forma bem mais simplificada em casas de família, constituindo-se em verdadeiro ritual propiciatório da fertilidade, no seu sentido de proliferação e fartura alimentar.

É evidente a penetração dos doces industrializados, bolos, além de outros pratos estranhos ao cardápio específico e votivo dos terreiros.

Essa penetração é natural, condicionando o que é do agrado das crianças com a interpretação dos adeptos ao sentido infantil dos Ibejis.

Geralmente, após o ritual do caruru, são distribuídos doces, não havendo, no entanto, qualquer elo sagrado, seja por meio de cânticos, danças ou toques de atabaques. Nos terreiros de Candomblés mais tradicionais e de maior ligação religiosa com os rígidos preceitos africanistas, não é comum observarmos outros alimentos além dos relacionados ao cardápio votivo e de cunho ritual.

O caruru dos Ibejis, caruru dos Bejis, caruru dos Erês e o caruru dos Mabaços é prática que possui também outras denominações. É também realizado como festa pública desvinculada dos terreiros, tendo maiores significados socializadores do que religiosos, marcando os calendários das casas de família. O caruru público oferecido em setembro, próximo ao dia de São Cosme e São Damião, reúne em pontos de encontro, como mercados e feiras, os devotos dos santos gêmeos, homenageando seus santos padroeiros por intermédio desse alimento.

As festas que recebem as denominações de caruru não estão apenas situadas no ciclo dos Ibejis, em setembro. As festas públicas do caruru de Santa Bárbara, no mês de dezembro, são de grande significado sócio-religioso.

Em Salvador, no mercado da Baixa dos Sapateiros, chamado mercado de Santa Bárbara, no ciclo festivo da Santa, os barraqueiros, por tradição e fé, ofereciam ao público um grande caruru preparado com milhares de quiabos contendo todos os ingredientes do preceito. O caruru de Santa Bárbara também é endereçado a Iansã, uma das três mulheres de Xangô, mantendo, assim, o elo mitológico entre os orixás de um mesmo grupo. Xangô tem no quiabo seu principal alimento votivo, e Iansã, sendo sua mulher, segundo o lendário, se alimenta da comida predileta do marido.

Todos os adeptos de Iansã, homens e mulheres, vão cultuar a divindade dos ventos e das tempestades oferecendo também o acarajé, alimento principal do orixá.

A festa de Santa Bárbara é das mais populares, tendo a presença certa e segura dos tradicionais sambas-de-roda e do caruru.

Olubajé

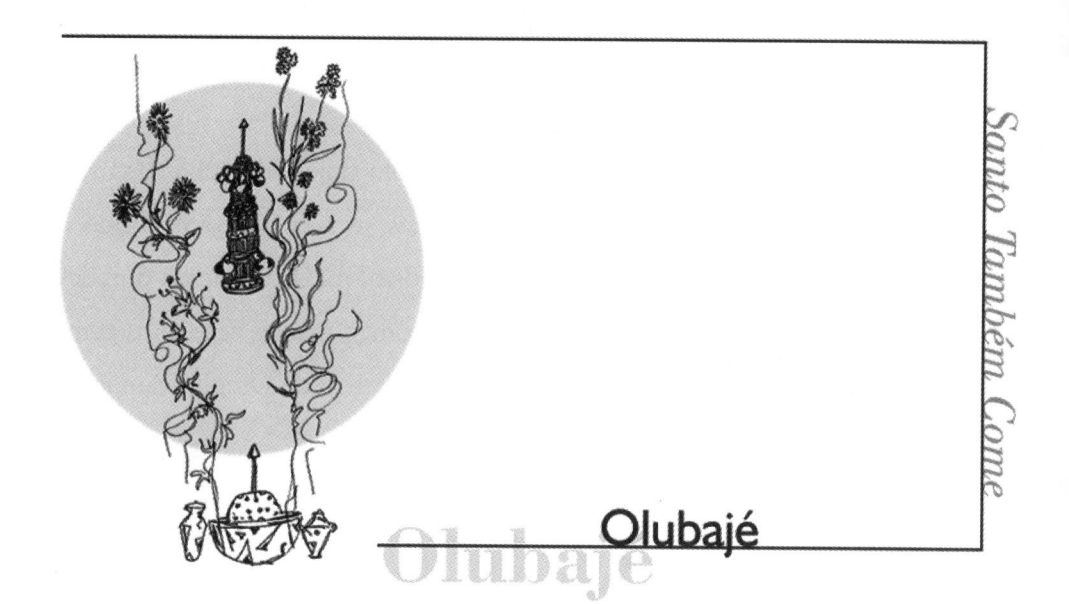

É a cerimônia pública da comida ritual de Omolu, reunindo vários pratos do cardápio votivo dos orixás. O olubajé possui a parte privada das matanças endereçadas a Omolu e, à noite, ao ar livre, ou em uma cabana especial, feita de folhas de dendezeiros, são realizadas as práticas de oferecimento das carnes dos sacrifícios, feitas em azeite-de-dendê, e de outros alimentos secos, predominando o doboru.

Ao som dos atabaques, o cortejo ritual entra com a seqüência hierárquica do terreiro, quando todos levam na cabeça os utensílios contendo abará, acaçá, acarajé, axoxó, doboru, feijão-preto, omolocum, efó e muitos outros pratos da cozinha dos deuses que, nessa cerimônia, são obsequiados em alimentação geral e festiva.

O doboru é servido como um banho ritual cobrindo o peji de Omolu e de todos os assistentes do olubajé, atuando como uma purificação, limpeza cerimonial como é chamada pelos praticantes.

Os iniciados possuídos por Omolu vestem trajes em palha-da-costa, levando o xaxará. No centro da roda dos orixás, as comidas vão ficando e são servidas em folhas de mamona, quando são colocadas pequenas porções de todos os alimentos presentes. Todos podem comer quantas vezes quiserem, e, enquanto todos vão participando do banquete ritual de Omolu, cantam o *orô* do olubajé:

Aê

Ajé ajaumbó

Olubajé ajaumbó.

Ao término das comidas, recolhendo as folhas de mamona e os alimentos restantes que saem do local no mesmo cortejo ritual, entoa-se o *orô* até a saída do último participante. Após essa prática, que é anual e geralmente ocorre em agosto, as danças rituais têm continuidade, quando Omolu dança no barracão o *opanijé* e suas cantigas próprias, demonstrando nas coreografias dramáticas suas histórias de orixá.

O olubajé também é encarado como um ritual de purificação mágica, por meio dos alimentos endereçados ao orixá das doenças e das curas. As cerimônias que constituem todo o ciclo do olubajé são repletas de rigores que geralmente começam com a saída dos iniciados com os tabuleiros de doboru, além do assentamento do orixá, visitando terreiros de Candomblé e casas de pessoas conhecidas e percorrendo locais públicos, como manda o preceito.

O ponto culminante do ciclo é o oferecimento das comidas e a grande matança de caprinos e de aves.

O culto específico a Omolu é realizado pelo seu sacerdote, especialmente treinado para tal mister. Chama-se assobá, sendo ele também responsável pela confecção das ferramentas emblemáticas desse orixá. Trabalha artesanalmente o xaxará, ibiri de Nanã, podendo, também, confeccionar os trajes rituais de Omolu, em palha-da-costa e búzios, fios de contas nas cores preta e vermelha, brajás e demais objetos emblemáticos necessários ao ritual.

O olubajé é também interpretado como uma série de atos litúrgicos para cultuar a natureza e suas transformações, respeitando, crendo e temendo o orixá Omolu, senhor das curas.

Omolu, quando dança em terreiros de Candomblé, mostra seus domínios, apontando para a terra e para o céu. Omolu, conhecido também por Abaluaiê, Obaluaiê, Arifomã, Zagpata, Azoani e outros nomes, é orixá dos mais respeitados pelos adeptos das religiões afro-brasileiras.

Comida de Tempo

Nos Candomblés Angola-Congo, em seu conjunto de divindades, encontramos o inquice Tempo – Quitembe – que é interpretado pelos adeptos como o responsável pelas mudanças climáticas e pelos fenômenos meteorológicos.

Por isso, seu assentamento e seu culto são situados no campo da fitolatria, recebendo práticas junto ao pé de gameleira, genipapeiro, cajazeira, onde são colocados os seus objetos simbólicos em metais e utensílios em cerâmica.

Na roça de Elza de Zaze – terreiro Angola, no Rio de Janeiro –, Tempo vai comer, e todos os preparativos culminam com os sacrifícios na árvore votiva – cajazeira –, assento ritual da divindade.

As grelhas, as setas e os ganchos de ferro, juntamente com os utensílios em cerâmica – alguidares, quartinhas, porrões e najés –, aguardam a seqüência do oferecimento dos alimentos rituais que serão colocados nos utensílios dentro dos preceitos necessários.

O Ogã – mão de faca – é o responsável pelas imolações das aves, quando o sangue rega os assentos e o tronco da árvore votiva do Tempo. Os axés são retirados para a cozinha, onde são preparados, voltando à árvore mais tarde, completando a alimentação.

A árvore ritual é preparada com os ojás de pano branco e estampado, e as comidas secas, constando de acaçás, acarajés, doborus, axoxó, inhame cozido com azeite-de-dendê, farofa-de-dendê, ebô, feijão-preto e algumas aves sacrificadas assadas e colocadas com o feijão e acaçá aberto, nos alguidares junto à árvore do Tempo.

Os ferros, a grelha e os demais símbolos estão marcados com sangue dos sacrifícios e cobertos com as penas principais das aves da obrigação,

galos brancos, pintados e d'angola. As bebidas não podem faltar na alimentação de Tempo, e algumas industrializadas são permissivas: vinho tinto e cachaça. Em muitas práticas de Candomblé de Angola, no Rio de Janeiro, é observada maior permissividade de bebidas alcoólicas.

A *meladinha* de Tempo é uma bebida especial, preparada com todo rigor e servida ao público participante da festa procurando, por meio dessa bebida sagrada, que é retirada do lugar dos assentamentos junto à cajazeira, unir todos aqueles que estão no Candomblé. Essa bebida é feita com cachaça, mel de abelha, erva-doce, gengibre e canela. Fermentada, a mistura é servida com sentido religioso e respeito no lugar onde estão os alimentos da árvore. O contato comum e a fé são reforçados e estabelecidos com a comida, após as danças rituais. No entanto, essa *meladinha* é identificante do inquice Tempo, sendo bebida do seu agrado, bem como o uso de fumo de corda ou mesmo o industrializado.

Tempo é vestido com palha-da-costa, búzios, saieta, oujás, levando nas mãos as ferramentas rituais: a grelha, a seta, uma espécie de capacete franjado em palha que deixa o rosto livre, predominando o branco na indumentária, e fios de contas são os diloguns rajados de preto e marrom.

A entrada de Tempo no barracão é realizada com a recepção da assistência, que joga sobre a divindade pipocas, e Tempo começa a dançar; então, junto ao seu assento, recebe os cumprimentos da assistência, quando todos saúdam: *Ela, cumpadre.*

Nas danças de Tempo, o uso constante da bebida – o que caracteriza o seu comportamento instável – é mencionado em seus enredos, desenvolvidos nas coreografias dramatizadas.

Segundo os adeptos, Tempo gosta de beber, e muito, e também de fumar, é agradado com uma simples aguardente e um pouco de fumo de rolo. Entre as cantigas de Tempo, essa é alusiva ao uso da bebida:

Tempo está embriagado
Já não conhece mais ninguém.

Nas práticas Angola, os textos em português têm maior penetração do que nos demais rituais, como o Ketu e o Jeje. A mistura marcante de português com o quibundo é observada nas muitas cantigas dos inquices nesses terreiros Angola-Congo ou Moxicongo.

A comida de Tempo não é manifestação das mais comuns nos Candomblés Angola, tornando-se prática cada vez mais restrita e de pouca popularidade. A divindade Tempo pode ser situada ao nível mitológico de Iroco, nos cultos iorubás, ou Loco, nos terreiros Jeje, possuindo, no entanto, características e preceitos próprios de acordo com cada tipo de Nação.

Todas essas divindades estão situadas nas práticas fitolátricas. É evidente que, com as mudanças rituais e o distanciamento dos motivos originais das obrigações, as divindades Zacai, Upanzu, Cajapricu e outras ligadas à fitolatria estão perdendo culto e culinária específicos, desaparecendo um significativo campo gastronômico e de cunho votivo.

Nesse terreiro, a assistência comeu omolocum, milho de Iemanjá, um omalá, galo preparado no azeite-de-dendê e arroz branco, que vem acompanhado de cerveja.

Isso acontece com o dia claro, como geralmente ocorre o ajeum, após o toque público, no barracão, havendo mesas específicas dos ogãs e do público.

É também comum nos terreiros Angola-Congo, após as obrigações públicas, o samba-de-roda, que acontece durante o dia, onde muita alegria e descontração caracterizam essa forma de divertimento, socialização e contato com o sagrado.

Inhame Novo.
Pilão de Oxaguiã

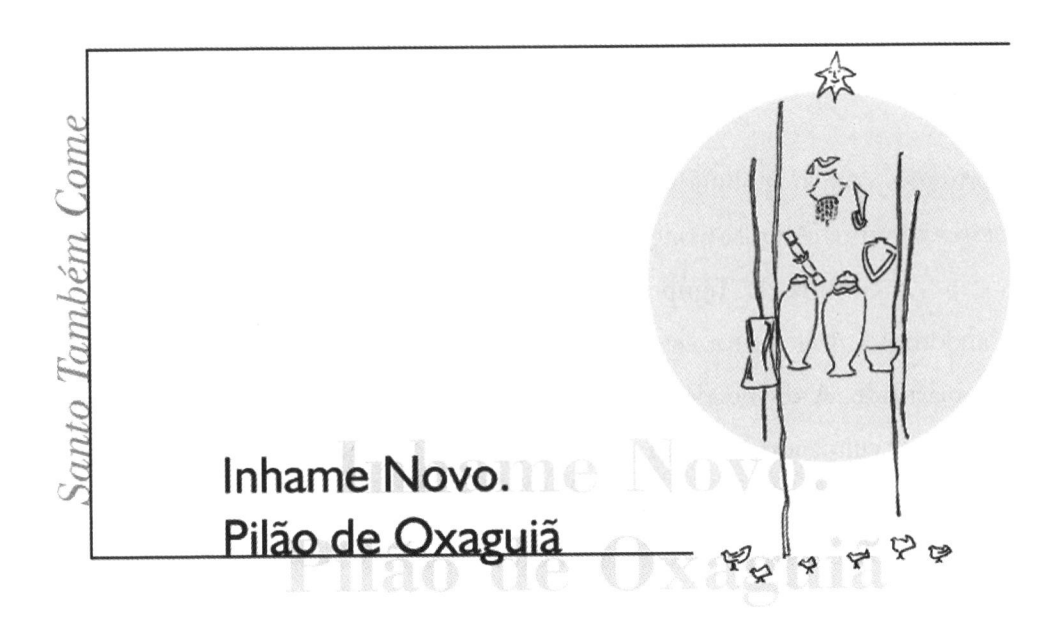

Os sentidos bélico e guerreiro de Oxalá jovem, Oxaguiã, marcam seu culto nos terreiros de Candomblé, nos rituais do pilão e do atori, relacionando os atos de purificação e fertilidade aos elementos votivos desse orixá. É uma das qualidades de Oxalá, divindade que se apresenta na mitologia afro-brasileira ora como um velho apoiado em seu opachorô, sendo então chamado por Oxalufã, ora como um jovem guerreiro conhecido por Oxaguiã.

A cerimônia pública do pilão de Oxaguiã está incluída no ciclo festivo das águas de Oxalá, que é realizado no início da primavera ou, então, no final de dezembro, estendendo-se até as primeiras semanas de janeiro. A comida do orixá Oxaguiã, incluindo a alimentação dos seus utensílios sagrados, dá o fundamento das práticas que ora passamos a descrever.

O pilão, retirado do peji, vem ao barracão no dia da festa, contendo ebô e inhame cozido com ori ou limo-da-costa. Todos trajando o branco, realizam o xirê em torno dos assentos de Oxaguiã, entoando seu *orós*. Em momento especial, os alimentos contidos no pilão são distribuídos entre os presentes, incluindo-se a assistência.

O alimento une, congrega e estabelece os contatos com Oxaguiã. A comida guardada no santuário recebeu suas atribuições mágicas e passa a ampliar os sentidos social e religioso da alimentação integrada à liturgia dos orixás.

O alimento desempenha sua função emblemática. O alimento não era mais o simples milho branco cozido, ebô de Oxalá ou inhame temperado dentro dos preceitos. A congregação da alimentação de Oxalá é mais ampla, estabelece os motivos da fertilidade, a própria vida, purifica o homem pela ingestão das comidas. O adepto recebe o alimento como se recebesse o próprio

---

Oxalá, com seus valores e simbolismos, ações, domínios e patronatos. O alimento é a própria divindade projetada nos ingredientes preparados na cozinha sagrada. O ritual do atori é também interpretado como a purificação e renovação por Oxalá.

As festas de Oxalá têm tabus do uso do branco, não podendo os praticantes portar qualquer indumentária de cor. A alimentação é também controlada, sendo proibida a ingestão de azeite-de-dendê, condimentos e bebidas alcoólicas.

A preparação das obrigações rituais, em sua maioria, tem na alimentação seu principal elemento, não situando apenas o que é ingerido, mas como é ingerido, em que condições é feita a alimentação, quais os princípios respeitados. O ato da alimentação não envolve apenas a alimentação pela alimentação: a imagem simbólica do que é alimento, seu sentido para quem vai alimentar-se, é o mais importante para manter os motivos devocional, propiciatório, invocativo, tendo, para cada ritual, características próprias.

A alimentação do pilão de Oxaguiã é a união do adepto com esse orixá, momento da juventude da imagem de Oxalá, enviado de Olórum para fertilizar a terra e o homem.

Manuel Querino situa em seu livro *Costumes africanos no Brasil* a festa do inhame de Oxaguiã:

"É o tributo prestado a Oxalá, o santo principal do terreiro. Na primeira sexta-feira de setembro, a mãe do terreiro reúne as filhas-de-santo e se dirigem todas à fonte mais próxima, com o fim de captarem, muito cedo, a água necessária à lavagem do santo. Finda esta cerimônia, o santo é recolhido ao peji.

Logo em seguida, sacrificam um caprino, que é cozido juntamente com o inhame, não sendo permitido o azeite-de-dendê, que é substituído pelo limo-da-costa. Retirada do fogo, a refeição é distribuída pelos presentes, que depois se retiram.

Decorridos três sóis, começam as festas, e, entre as cerimônias, a seguinte: a mãe do terreiro, munida de pequeno cipó, bate nas costas das pessoas da seita. É a disciplina do rito e tem o efeito de perdoar as ações más praticadas durante o ano." (Querino, 1988:38-39).

Ebô de Oxalá

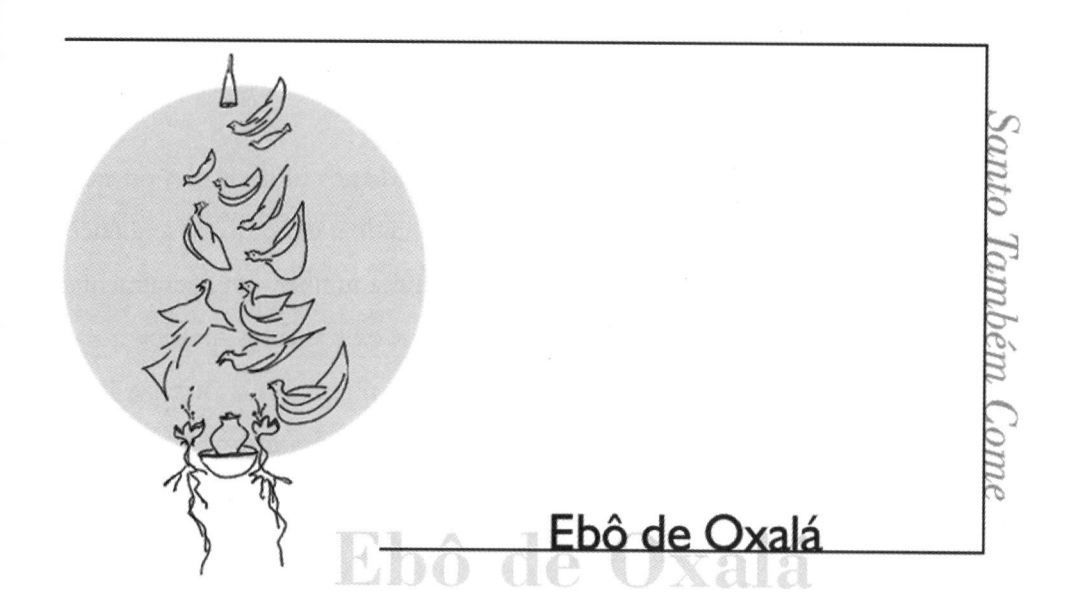

O ciclo festivo das águas de Oxalá obedece a um calendário mutável, que irá variar de acordo com a região ou de acordo com os terreiros, Nações. A água ritual é carregada até o assento de Oxalá, colocada no *baluê* – cabana feita de palmas de dendezeiro, onde ficam os utensílios sagrados do orixá Oxalá – até o término do ciclo das águas, voltando, em seguida, ao peji original.

O ebô é alimento característico de Oxalá. Presente nas práticas endereçadas a essa divindade, atua também como proteção mágica para os terreiros, quando, além do padê de Exu, o ebô é jogado nas entradas das habitações e no interior do barracão de festas e também próximo aos pejis.

O culto das águas de Oxalá dura, em média, três semanas, possuindo cerimônias privadas e públicas, incluindo o sacrifício de animais brancos – cabras, galos, galinhas, pombos e conquéns, cuja carne será servida para a comunidade e o sangue e ixé ficarão nos assentamentos do orixá, passando pelos cuidados das *iá-bassés*, com os temperos à base de ori e limo-da-costa.

A festa pública do ebô de Oxalá é realizada nos últimos dias do ciclo das águas. O xirê dos orixás é o tradicional, cantado e dançado na seqüência comum. O ebô entra no barracão trazido por uma mulher, que, geralmente, é uma iabá. Esse alimento é jogado sobre todos os presentes, prática que é encarada como um ato de purificação e limpeza mágica. Os orixás vêm e dançam em honra de Oxalá e o ebô restante é distribuído para todos os presentes, que poderão comê-lo ou passá-lo pelo corpo, jogando-o, em seguida, ao chão.

O ebô de Oxalá é um alimento característico que identifica essa divindade, como o acaçá.

A festa do ebô não possui a complexidade ritual do olubajé. No entanto, é cerimônia de grande importância para os fundamentos dos terreiros, pois Oxalá é o orixá da fertilidade e da vida. A água é seu elemento votivo, e representa a presença da natureza, que atua e é necessária aos sentidos, dos elementos revitalizantes da terra e do homem.

O *baluê* é o local da lavagem, ou *banho de Oxalá*, como falam os adeptos. Essa lavagem representa a purificação das pessoas que participam das cerimônias, e são chamadas de *viagens*.

O assentamento de Oxalá no *baluê* é lavado três ou sete vezes, indo cada pessoa com uma quartinha ou quarta contendo água apanhada em fonte ou bica, a qual derrama sobre os objetos do assentamento até concluir a última viagem, quando deposita junto a Oxalá o recipiente contendo água lustral e flores brancas.

Todas as viagens são acompanhadas pelo ritmo do *ibí*, isso quando tais cerimônias são realizadas em terreiros de influência Iorubá. Nas casas Angola-Congo, Jeje e em outros rituais haverá ritmos próprios característicos de cada forma religiosa.

O tabu de vestir branco é uma característica desse ciclo festivo.

Todos trajam a cor do ritual de Oxalá, mantendo seu voto de não ingerir comidas à base de azeite-de-dendê e pimenta, que é respeitado durante o período das águas, e nem consumir bebidas alcoólicas, principalmente a cachaça.

Os preceitos são respeitados em função de uma boa realização religiosa, pois o conjunto de atitudes dos praticantes em respeitar os tabus, como a abstinência de relações sexuais, concorre para a aceitação dos alimentos de Oxalá, que será comprovada por meio da consulta ao Ifá pelo opelê Ifá, jogo de búzios.

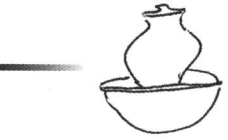

Assim, o ciclo das águas é cumprido dentro do rigor necessário, pois o alimento é aquele significativo elo entre a memória, o hoje, e o homem.

O ebô é comida obrigatória em todas as cerimônias, pois nas ofertas de alimentos dos terreiros de Candomblé sempre há um prato contendo o ebô consagrado a Oxalá.

É um hábito, sempre ao ofertar uma comida votiva, dedicar o ebô a Oxalá.

Lorogun

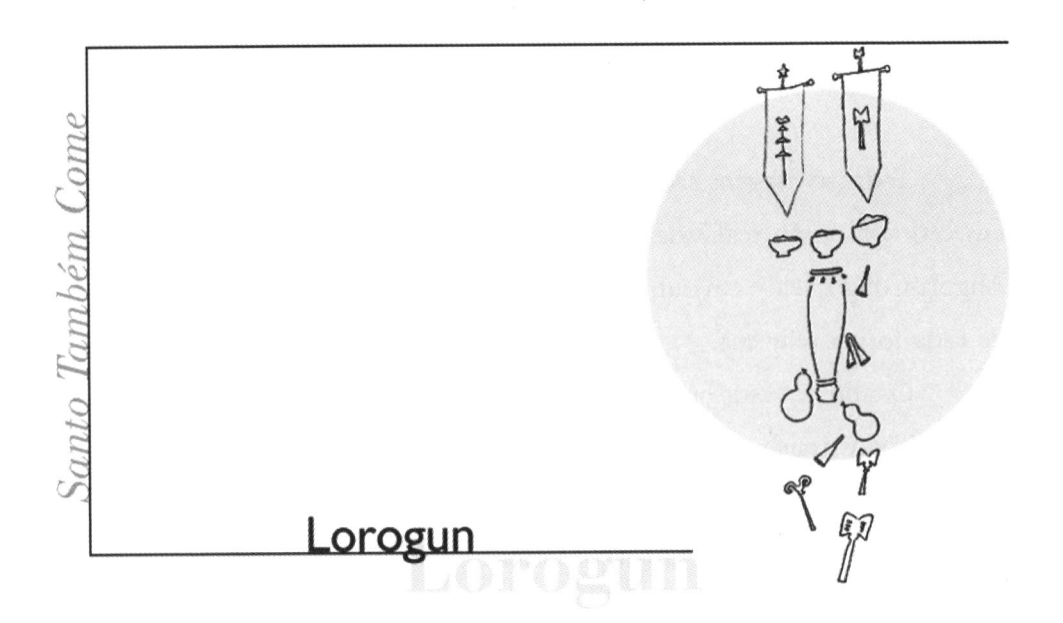

Quando os deuses vão à guerra e levam suas comidas.

Após os ciclos festivos dos terreiros de Candomblé, iniciando o período do calendário católico da Quaresma, os templos têm suas cerimônias públicas e a maioria dos rituais privados sem função, quando o lorogun é realizado, representando, por meio da dramaticidade, as lutas entre as cortes de Xangô e Oxalá.

O lorogun é a ida dos orixás à guerra, e todos levam seus alimentos, em sacolas, além de portarem as folhas rituais e os estandartes vermelho e branco, respectivamente para as cortes de Xangô e Oxalá.

Práticas internas no peji culminam com o ossé, oferecimento de algumas comidas secas aos orixás, não havendo matança de animais.

O lorogun é geralmente um ritual que acontece durante o dia, havendo participação ativa de todos, incluindo-se a assistência. Evidentemente, existem as variantes que irão ocorrer de terreiro para terreiro. No entanto, há normas comuns quanto ao sentido religioso do

Iorogun. Os deuses não irão habitar seus assentos, todos partirão para a origem, a África.

O grande ciclo do Iorogun é mantido com muitos preceitos, pois sem a presença dos deuses patronos, muitos tabus e injunções deverão ser respeitados.

O Iorogun começa com a entrada das cortes de Xangô e Oxalá; duas fileiras iniciam com o estandarte característico de cada orixá, que são portados por pessoas de alto status na comunidade religiosa.

As pessoas que possuem santos homens levam, a tiracolo, um arco de ervas, e as de santos mulheres levam à cabeça o mesmo arco. Os atabaques executam os toques dos orixás, e as fileiras colocam-se em atitude frontal, iniciando-se as representações das lutas entre as duas cortes.

O estado de possessão dos participantes de um dos grupos determinará a vitória do outro. Assim, com forte interesse, alegria e partidarismo, são efetuadas as seqüências do Iorogun. Os iniciados, possuídos por seus deuses, visitarão todos os pejis, como se despedindo dos assentos, levando um pouco das comidas neles mantidas.

Nas portas dos santuários, são deixadas capangas contendo um pouco do que há nas vasilhas, e algumas ervas específicas da divindade habitante do peji. Dessa maneira partem para o Iorogun, voltando após o ciclo da Quaresma com a abertura votiva dos terreiros, invocando a presença dos deuses, importando em novos rituais de alimentação.

É tradicional observarmos em terreiros Iorubá as cerimônias do Iorogun, que, realizadas, mostram o respeito e a presença do calendário católico atuando nos calendários originais das casas de Candomblé.

No Rio de Janeiro, em terreiro Ketu, o Iorogun inicia-se com um ritual de purificação dos iniciados e da assistência, seguindo-se os preceitos que ora passamos a assinalar.

Uma das mais velhas iniciadas do terreiro senta-se no meio do barracão – local onde são dramatizadas as lutas do Iorogun entre as cortes.

Coloca-se ali uma grande vasilha contendo doboru e um pequeno cesto.

Obedecendo à ordem hierárquica, todos vão até o centro do barracão, colocando moedas no cesto e apanhando os doborus, sendo esta uma cerimônia de limpeza mágica, preparando os participantes para o grande período da ausência de seus deuses, que seguem para as lutas mitológicas do Iorogun.

Os pejis ficarão sem uso e no barracão não haverá toque até a data da Aleluia, quando todo o terreiro retorna para as funções normais, iniciando-se com os sacrifícios em honra a Exu, seguindo-se a farta alimentação de todos os deuses habitantes do terreiro.

No cardápio votivo do Iorogun, é de preceito e costume a oferta de acaçá, abará, acarajé, doboru e ebô, aparecendo, ainda, outros pratos que funcionam com as necessidades específicas de cada terreiro.

Cada iniciado levará seus alimentos votivos aos assentos dos deuses específicos, havendo uma participação geral de todas as pessoas que tenham no terreiro seus objetos sagrados, devendo aquele retornar somente após o ciclo da guerra. Logo após, com novas alimentações para a volta das habitações dos assentamentos nos pejis, culminando com xirê, no barracão de festas, retorna-se o calendário do terreiro.

A Xangozeira no Mercado do Recife

No Mercado São José, no Recife, as barracas dedicadas à venda de utensílios para os cultos populares têm em seus vendedores importantes informantes das práticas de Xangô desenvolvidas na cidade, onde os objetos que vendem são de consumo certo e necessários para a grande clientela dos terreiros.

Evidentemente, a culinária é de grande importância, procurando perpetuar os relacionamentos entre os deuses e os seus adeptos.

Os terreiros de Xangô do Recife mantêm uma clientela numerosa, que vai procurar os *encantados* para resolver seus problemas sociais, empreender curas pela medicina popular e estabelecer o culto, oferecendo agrados específicos de cada divindade, respeitando seus gostos e desejos.

Em uma das barracas especializadas em artigos de Xangô, Eunice Ferreira Afonso – vendedora e cultuadora dos orixás – vende, orienta e receita para seus fregueses, que buscam nas ações dos orixás suas respostas.

As práticas de Xangô mesclam-se com as práticas dos catimbós, seus *mestres* e de suas especialidades. O terreiro de Xangô de Eunice é reduto de culto para 11 orixás, mestres e caboclos, procurando situar cada conjunto de divindades em práticas públicas semanais, distintas e específicas para cada elemento ou divindade.

As seqüências rituais e a gastronomia votiva adquirem sentidos próprios, de acordo com as cerimônias. Nos rituais dos orixás, o azeite-de-dendê é indispensável; nas práticas de caboclos, muitas frutas irão compor os alimentos sagrados, e, para os mestres do catimbó, a aguardente e os pratos à base de farinha não podem faltar.

A culinária é desenvolvida geralmente pela dirigente do terreiro, que, conhecendo os pratos e suas receitas, tem condição de se comunicar com as divindades por meio das comidas específicas de cada uma delas. As comidas variam de terreiro para terreiro, havendo, no entanto, pratos comuns aos Xangôs da cidade.

O beguiri – alimento feito com quiabos – é temperado com castanha, amendoim, carne fresca de boi, camarão e azeite-de-dendê. Segundo a xangozeira, o beguiri é feito com 50 quiabos, número ritual para esse prato. O beguiri foi também observado no terreiro de Xangô em Maceió.

O omolocô de Oxum é preparado com fubá de milho, azeite-de-dendê e camarões, não aparecendo o feijão-fradinho, comum ao preparo do omolocum nos terreiros da Bahia e do Rio de Janeiro.

O feijão-fradinho, segundo informa a xangozeira Eunice, é popularmente chamado no Recife de feijão *chachá-bunda*, aparecendo com pouca expressão no cardápio dos terreiros da cidade.

Oxalá, mais conhecido como Orixalá, no Recife, tem no arroz branco e cozido sem temperos o seu principal alimento. Segundo a informante, clara de ovo, mel de abelha e cravos complementam o prato que é do agrado do orixá da fertilidade.

As frutas têm presença obrigatória em todas as cerimônias de alimentação, e aquelas características do Nordeste são também incorporadas ao cardápio, bem tropical e ao gosto aclimatado dos deuses africanos na realidade nordestina.

O orixá Xangô recebe maçã e melancia em suas obrigações rituais; Oxum, o melão; Iemanjá, melão e mamão; Omolu, laranja e abacaxi; Exu, coração da índia; Beguimin e Oxóssi, todas as frutas; Ogum, manga.

Na alimentação dos caboclos, atendendo a outro elenco de divindades, todas as frutas, sem procedência certa, cor e sabor, são oferecidas nas práticas das matas, quando se organizam as mesas dos caboclos e da jurema.

A bebida dos caboclos é chamada e conhecida por *jurema*, sendo preparada com ervas cozidas, incluindo a entrecasca da juremeira, cachaça e mel de abelha.

A informante situou a bebida sagrada da juremeira como a mais importante no conjunto das bebidas rituais utilizadas nas práticas dos caboclos. As ervas são maceradas e colocadas em cachaça, que deve ser de boa qualidade, cantando-se em louvor a Antônio Grande, mestre responsável pelo preparo da bebida. É evidente a penetração do catimbó nos rituais voltados aos caboclos, mesclando-se nas projeções do catolicismo popular.

Antônio Grande, mestre de catimbó, é invocado com os seguintes versos:

> *Jurema é um pau sagrado*
> *onde Jesus descansou.*
> *Eu me chamo Antônio Grande,*
> *na santa paz do Senhor.*
> *Esta casa é minha,*
> *esta casa é tua,*
> *todos os malefícios*
> *vão pro meio da rua.*

É comum, após o preparo da jurema, a vinda dos caboclos e de alguns mestres, que bebem em cuias dispostas na *mesa;* esta é realizada nas matas ou no interior dos terreiros.

Complementar aos alimentos dos caboclos, incluindo-se a jurema, é de preceito oferecer a *mesa de Malunguim* em honra ao Exu da Jurema. Nessa mesa, colocam-se frutas de todas as qualidades e bebidas variadas.

Observam-se, também, as mesas como um conjunto de alimentos específicos a certas divindades, dirigindo suas obrigações votivas aos locais de culto – fora do terreiro ou da comunidade religiosa.

O calendário obedecido é aquele pautado nas festas da Igreja Católica. As cerimônias dos Xangôs seguem os dias dos santos e santas populares da cidade ou do relacionamento especial para os terreiros.

As festas de São Cosme e Damião têm popularidade ampliada às casas de família. A informante situou os santos gêmeos como os *Beguins* ou *Beguimins*, que recebem frutas e doces variados como seus alimentos sagrados. As ofertas aos Beguimins são feitas no *Alamin*, cantando para as divindades gêmeas os seguintes versos:

> *Orumilá mamãe*
> *cadê Beguim*
> *Tá no aê*
> *Tá no alamin.*

Todos os alimentos devem ser oferecidos com suas cantigas especiais.

Assim, as divindades receberão suas comidas dentro do preceito e deverão aceitá-las para fortalecer seu axé e sentido patronal.

Os presentes nos rios e no mar são oferecidos em julho, dando flores e perfumes, além do abadô de Iemanjá, prato do cardápio desse orixá.

As bebidas industrializadas têm franquia total nas práticas, e a informante situou pratos da culinária comum da mesa pernambucana no conjunto de alimentos de uso nos terreiros de Xangô.

O padê de Exu adquire conotação própria quando é realizado no término das cerimônias. O uso comum é no início das cerimônias públicas e privadas. A explicação foi a seguinte: Exu tem de ficar até o fim das obrigações porque irá proteger, e quando terminar as obrigações é despachado...

Realmente, a liberdade para recriar e interpretar as práticas rituais populares dá margem a uma variedade de rituais, que assumem características próprias, dinâmicas, novas e que convivem com a tradição.

Nochê Sepazim:
Um Ritual Divino

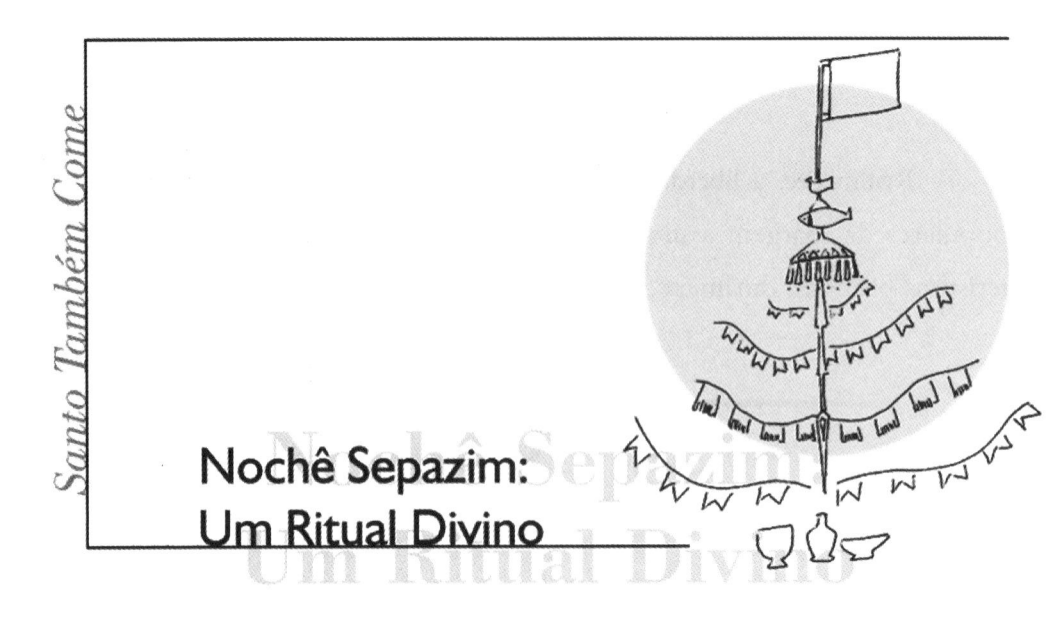

As festas em honra ao Divino Espírito Santo comovem milhares de fiéis, envolvendo o Brasil todo em diferentes e contrastantes rituais religiosos.

Tradições que chegam por um olhar ibérico, católico, já à moda lusitana ao Brasil.

O grande emblema é a pomba, pomba branca, consagrada representação do Divino Espírito Santo.

Comum nos altares dos terreiros que relacionam santos da Igreja com deuses africanos, a pomba branca, encimando o local, o santuário, em uma nítida postura hierárquica, combina-se, então, com muitas leituras e compreensões sobre santos e santas adoradas, padroeiras de cidades ou então de casas, terreiros, interpretando-se, ainda, pelo então chamado sincretismo entre religiões, deuses em uniões que quase sempre tendem a valorizar a Igreja. É inegável a presença de um poder, diria, um superpoder.

Muito interessante é quando as rememorizações dos impérios do Divino atingem outros impérios organizados em papéis sociais/religiosos tão estabelecidos como ocorre no Maranhão, especialmente no tradicional reduto Jeje em São Luiz, A Casa das Minas.

Há nessa relação histórica uma fundamentação que transcorre por todo o ano, seguindo-se impérios, festas, obrigações públicas à européia, com estética já maranhense, vivenciadas por orientações dos Voduns.

Em diferentes anos, pude estar nos rituais públicos do Divino na Casa das Minas, observando com um olhar mais etnográfico a derrubada do mastro, chamando a atenção o bolo de tapioca colocado no mastaréu, próximo aos pássaros. Pássaro representando o Divino, pássaros que vão comer também do bolo votivo. Pássaros que em mitologias africanas relacionam as mulheres, mães-ancestres, princesas, princesa Nochê Sepazim.

Foi grande a emoção em ver o ritual. Ritual festa, alegre, profundamente devocional.

Convivências dos Voduns que vêm conversar com os visitantes, com os membros da casa. Uma experiência onde o sagrado é humano, aproximação sensível entre o vodum e aqueles que vão ao terreiro dançar, comer, rever pessoas, socializações permeadas pelo sagrado.

O Mastro do Divino Santo (ensaio de etnopoesia)

Nochê Sepazim

Princesa real

Filha das terras do Benin

Atravessou o mar

Chegou nos costados da Ilha de São Luís.

Herdeira de Dadarro

Ficou viva até hoje no Mina Jeje do Maranhão

Ela é princesa africana

Ela é imperatriz do Divino Espírito Santo.

Com roupa de época, coroa e cetro.

Lembrada Nochê Sepazim

Cada ano na festa/obrigação no Domingo de Pentecostes.

Nochê Sepazim.

Imperatriz menina.

Comanda a corte/império do Divino

Vêm voduns

Vêm caboclos

Ladainhas. Música de banda.

Ambientes de bandeirinhas e flores em papel.

Café

Chocolate

Bolo

Assados

Arroz de couve

Farofas

Vinho

Refrigerantes

Mesas fartas e alegres

Convivências do eu ritual coletivo

na Casa das Minas

Reina Nochê Sepazim

seu marco heróico e heráldico.

É o marco do mastro e mastaréu

O pássaro branco coroa a ponta.

O pássaro ancestre toca o céu.

Vigilante e dominador sobre as casas

Vigilante e dominador sobre as pessoas.

É azul e branco.

É vermelho e branco.

Cores pintadas no mastro mastaréu.

Se a festa é em maio

Se a festa é em junho.

Os pássaros vêm visitar e comer o bolo de tapioca.

Comida votiva no cume do mastaréu

São todos os pássaros

São as Iás, as mães, rainhas, princesas.

Mastro erguido.

Mastro batizado.

Mastro devocionalmente colocado ao chão toca a terra

Volta à terra

O mastro mastaréu.

Cumpriu-se o império

Renovam-se os votos para o próximo império

Reina Nochê Sepazim

Convivem os voduns do Benin

Reinam todos os voduns

Nas terras do Rei Dão Luís de França.

Arrambam:
A Festa das Frutas

Certamente, os rituais de passagem marcam papéis sociais, compromissos com a cultura, fortalecendo elos de identidades.

Nos terreiros, os rituais de passagem acontecem para rememorizar, relembrar mitos fundadores, compromissos ou mesmo revisões do processo religioso. Outros são de cunho mais inovador, como das feituras, iniciações dos novos membros do terreiro. Mesmo repetindo seqüências pré-elaboradas na tradição e/ou costume do modelo seguido, vêem-se características individuais do noviço que, quase sempre, trazem certas mudanças adequadas àquela que se submete ao rigor iniciático.

No caso das festas/rituais de passagem da comunidade/terreiro, todos, de uma certa maneira, são marcados pelo novo momento ritualmente definido pelas cerimônias secretas e públicas.

Nas minhas primeiras visitas a São Luís do Maranhão, em 1972, pude presenciar elaboradíssimos rituais na tão conhecida Casa das Minas.

Rituais que, de certo modo, eram estranhos, diferentes e que também tocavam num imaginário relativo a cerimônias já presenciadas em terreiros de Candomblé.

Os grandes ciclos festivos dos terreiros, ritos de passagem, invariavelmente, seguem um calendário orientado pela Igreja. Dias de Santos, período da Quaresma, por exemplo. A particularidade do ritual público do *arrambam*, dos voduns, toca em significado e mesmo em alguns pontos litúrgicos ao *lorogun*, obrigação anual dos terreiros de Candomblé Ketu.

É o momento da passagem do Carnaval e Quaresma, moralmente vistos como período de recolhimento do sagrado. Fortes injunções de um poder que, embora integrado, é dominante, o da Igreja. Vale observar crescentes movimentos reetnizadores por parte de alguns terreiros na Bahia, em especial, numa tentativa de maior africanização dos costumes, da ética religiosa, numa descontaminização da Igreja.

O *arrambam*, bancada ou quitanda é um momento em que os voduns de certa maneira voltam para a África, relembrando o *lorogun* dos Candomblés.

Os voduns retornam na Aleluia, devendo alguns permanecer para casos de urgência, como aliás também acontece com os orixás que são lembrados no *lorogun*. Por exemplo, nos terreiros Angola-Congo, onde não há o *lorogun*, cerimônia especial marca o período da quaresma.

São realizadas obrigações para Lembá e Rôxi Mucongo, que ficará de guarda até a Aleluia, quando são reabertos os terreiros com matança e festa para esse inquice.

Dias de preparação antecedem a grande obrigação coletiva do *arrambam*. São preparados pipocas e outros alimentos torrados, destacando-se o *azogrim*.

O dia principal desse ciclo tão elaborado de rituais internos ocorre na Quarta-Feira de Cinzas.

Num primeiro momento, a estética ritual lembra um grande mercado, lembra também a obrigação da quitanda de iaô ao término da iniciação no Candomblé.

Cestos, tabuleiros, louças repletas de frutas regionais e outras com alimentos torrados são levados à grande varanda, a *guma*.

Os voduns sentam-se em banquinhos de madeira e distribuem as frutas que são consumidas no local, na varanda, ou ainda levadas para casa por parte das pessoas vinculadas ao terreiro e dos visitantes.

Há exuberância, variedade e fartura.

Aliás, a fartura é tema predominante nos terreiros afro-brasileiros. Isso é freqüentemente comprovado na quantidade de comidas feitas para alimentar os deuses e os homens.

O *arrambam*, o *olubajé*, a *kukuana* e as festas de caboclos mostram variedade e quantidade de alimentos que têm diferentes significados para os orixás, voduns e caboclos; contudo, há algo em comum a respeito das ofertas vindas da terra, os ciclos das colheitas, da fertilidade, de cultos à vida.

Nas *aldeias*, quando os barracões são transformados nos territórios dos donos da terra, os caboclos, frutas nacionais e importadas buscam recriar um ambiente detalhado por folhas verdes e muitas, muitas frutas, idealizando as matas, as florestas brasileiras.

Também na maioria dos terreiros que fazem o ritual público da festa das iabás, em determinado momento, cestos, tabuleiros, travessas e outras louças vêm ao barracão. Vêm cheios de diferentes frutas que, de forma semelhante ao que acontece no *arrambam*, na *aldeia* dos caboclos, são oferecidas a todos. Assim, todos partilham desse momento de alimentação coletiva e se aproximam desse ideal ritualizado de vida-fartura simbolicamente representado nas frutas pela doadora e generosa natureza.

No Terreiro de Pai Adão

A Casa de pai Adão, no Recife, é a casa Nagô matriz. É casa mantenedora de muitos costumes e práticas cercados de sigilos, tabus e votos de fé. As cerimônias dos orixás acontecem seguindo as linhas da iniciadora do terreiro, tia Inês, e de Atô Iarô, outra importante figura na organização desse Xangô.

O atual dirigente, Manuel Nascimento Costa, ou Obá Ogum Dê de Iemanjá, mostrou-me toda a roça e falamos muito a respeito dos rituais afro-brasileiros, da sua importância em um amplo processo de valores sócio-culturais, níveis de conhecimento sobre os costumes religiosos e, principalmente, do alto significado da alimentação dos orixás, os principais papéis e funções dos atos de manter os deuses com seus quitutes de agrado, os procedimentos culinários e os fundamentos dessas práticas gastronômicas.

Entre os muitos orixás cultuados no Xangô, Olôfin foi situado como divindade das mais importantes para os terreiros, encarado como responsável pelos vaticínios e pela comunicação entre os orixás e seus adeptos. A alimentação votiva de Olôfin é realizada no dia de Natal, sendo a cerimônia privativa dos homens iniciados, que realizam sacrifícios específicos, alimentando e mantendo o axé dessa divindade.

Cada orixá tem sua festa própria, constando do toque dos ilus no barracão, que é precedido pelos sacrifícios no peji e dos demais alimentos que são elaborados segundo o gosto especial de cada um deles.

O terreiro de pai Adão, além de possuir no seu conjunto mitológico os orixás de cunho mais popular e comum, mantém ainda muitos deuses de culto mais restrito. Dessa forma, possui maior complexidade de rituais, particularizando o terreiro.

Os Oxalás tidos como muito velhos – Oxá Ocô e Oxá Lulu, Obá Odubã, Xangô Bamboxê, Aganju Xolá, Opá Ogodô, Xangô Lundê, Obá Dinã, Ogum Dê, Ogum Xequé Malê, Ogum Taió, Ogum Amassi – têm nos pejis dessa casa seus preceitos mantidos. Entre os critérios de preservação dos valores religiosos, a comida desempenha função das mais determinantes e necessárias à presença do orixá.

O culto aos antepassados – Egum – também é desenvolvido com muita expressão, ocorrendo por meio da fitolatria, quando uma grande gameleira é a morada dos importantes antepassados, que têm alimentação votiva na festa de Odum, Ará Opê, Aladê, Aitô, Alabá, Alapinim, Abarê e outros que compõem o conjunto dos ancestrais cultuados no terreiro.

Os eguns alimentam-se com os sacrifícios que são realizados na árvore sagrada, quando aves e caprinos são imolados, deixando o sangue correr sobre as raízes e o tronco da gameleira. Assim, alimenta e mantém o contato mágico entre os adeptos e os seus antepassados. Essa gameleira também é dedicada a Iansã, servindo de assento ritual comum com os antepassados.

Semanalmente é oferecido, no terreiro, o arroz de Oxalá, cerimônia realizada com os iniciados trajando branco e que, diante dos assentamentos de Oxalá, oferecem vasilhas de louça contendo grandes quantidades de arroz cozido apenas na água, não levando qualquer outro tipo de tempero. Esse arroz é dedicado às sextas-feiras, após os ritos de purificação com banhos em água especial, que todos os participantes desse ritual realizam.

Os orixás têm todos os seus pratos preparados na cozinha do terreiro, obedecendo aos procedimentos artesanais da cozinha ritual. O acarajé é preparado com a massa ralada na pedra, o fogo é de lenha e os utensílios procuram não sair ou se distanciar dos objetos primitivos confeccionados em cerâmica e madeira.

Os orixás têm seus cardápios assim constituídos:

Exu – come capote, pinto, galo, bode, fígado, bofe e coração de boi;

Ogun – capote, galo, tatu e veado;

Oxum – cioba (tipo de peixe), galinha, bode capado e cabra;

Odé – porco, capote, tatu e bode;

Obaluaiê – bode, galo, capote e porco;

Nanã – galinha, capote e cabra;

Iemanjá – pato, carneiro e capote;

Xangô – beguiri, carneiro e galo;

Iansã – cabra, galinha e peru.

Os alimentos rituais não são exclusivos dos assentos nos pejis. Os ilus, instrumentos de percussão que atuam nos contatos e invocações das divindades, são também alimentados. O *ian* (maior ilu), *merencó* (ilu de tamanho médio) e *melê* (o menor ilu) têm em cerimônias especiais suas propriedades revitalizadas por meio dos sacrifícios e de algumas comidas secas feitas à base de azeite-de-dendê.

A vasta e farta culinária desenvolvida no terreiro de pai Adão também penetra no cardápio dos homens. Nas festas públicas, muitas vezes são servidos alimentos que não estão situados no conjunto dos pratos religiosos. Essa culinária é chamada de *cozinha brasileira* e de *cozinha africana* para os pratos de uso ritual.

Geralmente, explicou-me Obá Ogum Dê, para o público em geral, aqueles que não têm votos, feitura ou iniciação, após as danças e os cânticos no barracão, são servidos apenas alimentos da cozinha brasileira, deixando as comidas da cozinha africana para os iniciados do terreiro e os visitantes ligados às casas de Xangô.

Os alimentos rituais, quando são retirados dos santuários após a alimentação dos orixás, devem seguir normas tão rígidas quanto às do oferecimento. Parte dessas comidas é ingerida pelos ofertantes e, depois, nos próprios utensílios ou em folha de papel, as comidas têm seu destino nas águas de um rio, do mar, nas matas ou em um outro local devido e previamente determinado pelo ritual ou pelo tipo de divindade que foi alimentada.

No terreiro de pai Adão, Obá Ogum Dê explicou-me que quando os alimentos não são retirados dos pejis, no tempo determinado e dentro dos critérios do ritual, esses devem ficar junto aos assentos dos orixás até a vinda da pessoa que ofereceu a comida, devendo esta consumir todos os pratos, mesmo estando em adiantado estado de decomposição.

A seriedade e a grande importância da comida ritual não podem ser colocadas em outro plano, senão ao de significativo elemento de contato religioso, assumindo, também, situação emblemática de controle religioso e social.

No terreiro de pai Adão, as cerimônias do bori têm suas etapas assim organizadas: todos os alimentos deverão aguardar a hora do oferecimento dentro do peji. Pessoas iniciadas e não-iniciadas podem assistir, participando da alimentação aquele que oferece comida à cabeça, objetivando o fortalecimento mágico e a melhor fixação do axé e da presença do seu orixá patrono.

Inicia-se o bori, oferecendo água e peixe. Todos os alimentos deverão tocar a cabeça da pessoa, que fica em uma *até* – esteira forrada de branco – onde também são colocadas as comidas do bori. Tudo é servido nessa cerimônia, até mesmo certos alimentos industrializados, como doces.

Bebidas, cervejas e vinhos também têm sua presença assegurada. Todo o ritual do bori é cantado, anunciando os alimentos e levando-os até a cabeça do ofertante. Em seguida, após o último prato, todos deverão comer esses alimentos, participando assim, diretamente, do ritual, integrando a alimentação da cabeça à ampliação do axé, congregando e reunindo todos os que no bori comeram dos mesmos pratos.

No bori, a alimentação é feita com as mãos, não se utilizando garfos ou colheres. As frutas locais encontradas nos mercados do Recife, de acordo com a época, também fazem parte desse cardápio. Nessa cerimônia, a oferta de pimenta e cachaça é tabu, sendo comum as pessoas dizerem: *Faz parte do bori tudo o que a boca come*. Incluem-se, assim, todos os alimentos, indistintamente.

Obá Ogum Dê situou como alimento dos mais significativos para o terreiro o arroz com obi, prato endereçado a Oxalá. Esse alimento tem seu fundamento religioso num enredo que foi contado pelo nosso informante: O obi foi a primeira comida de Oxalá, e o prato com arroz branco e obi tornou-se alimento da predileção desse orixá.

Oxalá morava em um lugar onde existiam duas mulheres: uma rica e outra pobre. A mulher rica queria saber do que se alimentava a mulher pobre. Esta comia um fruto desconhecido para a rica, o obi. Um dia, um velho passava perto da casa da mulher pobre, ela o acompanhou e sentiu que ele ia cair. Então, levou-o para casa. Nisso, a mulher rica foi junto; indo à cozinha preparar a comida, encontrou arroz nas vasilhas e uma quantidade de obi, o fruto desconhecido. A mulher pobre perguntou ao velho se na sua casa não havia comida. O velho respondeu: Na sua também não tem, eu como o que você come e isso nos alimenta; você tem a força que eu tenho. Então, a mulher rica passou a conhecer o *encanto*, pois ela desconhecia que aquele fruto poderia curar doenças, pois Oxalá também foi médico um dia.

Essa lenda situa o obi, fruto africano que tem lugar de destaque nas cerimônias dos terreiros de Candomblé e Xangô. O obi, juntamente com o orobô, são necessários à maioria dos rituais de sacrifício, vaticínios e demais alimentos de fundamentação religiosa.

Inegavelmente, no terreiro de pai Adão, os costumes e as tradições afro-brasileiras no Recife são revividas pelo Nagô pernambucano, pelo Xangô, local de encontros e reencontros com a fé.

Culto Doméstico e Alimentação Ritual

O ato de alimentar os santos nas casas e estabelecimentos comerciais, imagens católicas geralmente identificadas com orixás, aproxima as devoções de alimentar divindades patronas.

É comum os santos da Igreja Católica serem alimentados e servidos de bebidas. Na realidade, o processo une o orixá com alguns santos da Igreja Católica. O objetivo de alimentar para aumentar o relacionamento, pedir, invocar, aplacar e cumprir promessas, leva os crentes ao ato de oferecer certos alimentos, já condicionados à memória popular, como do agrado específico daquele santo ou daquela santa.

As imagens dos santos padroeiros ocupam, invariavelmente, pequenos altares que, situados em posições estratégicas em casa de família ou em estabelecimento comercial, podem fitar todo o ambiente, protegendo contra os malefícios, devendo cumprir, necessariamente, todas as atribuições conferidas.

No Rio de Janeiro, alguns santos adquirem preferência popular e, fatalmente, esses santos estão nos altares particulares: São Sebastião, São Jorge, São Cosme e São Damião são os principais. Outros como Santo Antônio e Nossa Senhora da Conceição têm menor presença nesses santuários domésticos.

O fenômeno da Umbanda transpira nesses cultos de alimentação, e os agrados comuns desses terreiros têm campo de sobrevivência nos santuários. Muitos são verdadeiros prolongamentos do terreiro original e outros possuem caráter de privacidade, individualizado pela crença das pessoas ou mesmo da família.

O sentido de alimentar é, principalmente, o da manutenção, relacionando o santo de devoção à vida humana, sendo necessária a comida, o banho e a proteção de chuvas e do sol. Assim, encarando o santo patrono como uma divindade próxima pelos elos do dia-a-dia e pelos agrados de comida e outros tratos, é a fé ampliada e reforçada pelo culto doméstico.

Os altares, de acordo com o zelador, invariavelmente, são de madeira, possuindo pequenas toalhas, jarrinhas com flores, luz perpétua acesa, imagens e quadros, além dos pratinhos e copos. São Jorge é obsequiado com cerveja de Ogum, São Cosme e São Damião, com os *doces das crianças* – Ibejis –, São Sebastião, com o vinho de Oxóssi. Evidentemente, todos esses agrados rituais têm na Umbanda seus fundamentos, assim continuados nas casas e estabelecimentos comerciais. Os Candomblés no Rio de Janeiro tornam-se de maior penetração e aceitação popular, atuando nas devoções particulares vindas de um catolicismo à moda, de uma umbanda criativa e dinamicamente adaptadora.

As interpretações das práticas da Umbanda carioca situam-se nos sentidos dos Candomblés Angola e Ketu, que são os predominantes na região.

É evidente o relacionamento entre o santo católico e o orixá que, pautados na subjetividade dos cultos domésticos e em suas múltiplas interpretações, têm campo para adquirir aspecto personalizado à casa, terreiro ou ao praticante.

Na realidade, não é complexa a alimentação doméstica que é substituída semanalmente nas datas dos santos, ou, em casos especiais, querendo agradar, pedir ou aplacar, cumprindo, também, os votos de promessas e pedidos variados.

Quando a presença dos terreiros de Candomblé assume grande importância nos cultos domésticos, utensílios comuns, como quartinhas e alguns emblemas votivos em metais e fios de contas, têm presença assegurada. Assim, ampliam-se os rituais de alimentação.

É comum, na entrada da casa ou do estabelecimento comercial, algum símbolo endereçado a Exu, geralmente, uma quartinha ou mesmo um símbolo votivo como os próprios Exus, em ferro batido, tridente ou as imagens em gesso pintadas de vermelho que representam essa divindade e que, segundo a concepção, é o demônio dos católicos. Esses simbolismos já estão realmente incorporados às práticas populares, sendo, no entanto, totalmente estranhos aos sentidos originais dos cultos dos Exus.

Para manter os relacionamentos por meio da alimentação, Exu recebe, normalmente, a cachaça e a farofa-de-dendê. Cada altar doméstico possui uma característica própria, e existem normas comuns que possibilitam situar as práticas de alimentação de acordo com os pratos que irão apresentar com os sentidos locais.

Em Salvador, nas festas dos santos gêmeos, o caruru de Cosme, caruru dos Mabaços, caruru das crianças, caruru dos Ibejis, ou, simplesmente, caruru, é comum, e seu oferecimento é feito em pratinhos à imagem de São Cosme e São Damião e distribuído aos presentes.

Os alimentos votivos, então, podem ser exclusivos do altar ou terem lugar junto aos santos e distribuídos entre as pessoas. É muito comum alimentar os santos com objetivo da fartura, nunca devendo faltar o necessário à subsistência.

Daí, observarmos espigas de milho penduradas nas portas e paredes, saquinhos de pano com alimentos secos pendurados na cozinha ou junto aos altares domésticos; pratos com farinha, feijão e arroz, representando o simples alimento diário, junto às imagens dos santos.

Essas imagens geralmente são bentas na Igreja Católica, mantendo valor específico ao ocupar o altar doméstico. A ampliação do culto é realizada pela inventiva elaboração do devoto e, assim, as variantes não podem ser avaliadas por terem condicionamento totalmente pessoal e próprio.

Os tabus e as injunções estão presentes para atuar como controladores dessas práticas.

As comidas oferecidas ao santo geralmente não podem ser comidas pelas pessoas. Elas deverão ser colocadas após o período de três a sete, ou mais dias, em lugar determinado que tenha vínculo com o santo alimentado. É tabu oferecer pimentas, comidas salgadas ou preparadas sem critério.

Os alimentos têm os mesmos rigores culinários, como se fossem consumidos pelas pessoas. Os utensílios devem sempre estar transbordando com as comidas, constituindo-se em um verdadeiro tabu colocá-las em pouca quantidade.

As interpretações do catolicismo em níveis urbano e rural evidentemente estão presentes nos conjuntos de cultos domésticos vistos pelas alimentações votivas.

O santo alimentado aproxima, protege, está presente na fala devocional pela comida, pelo ato de vivificar os contatos pelos rituais da casa.

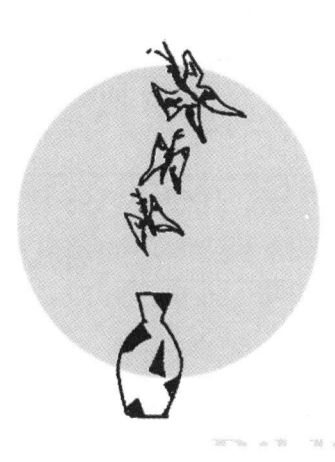

Bibliografia

AS FADAS DO DENDÊ. *Tribuna*, São Paulo, 6 jul., 1958.

BRANDÃO, Darwin. *A Cozinha Baiana*. Rio de Janeiro: Letras e Artes, 1965.

CASCUDO, Luís da Câmara. *Made in Africa*. Rio de Janeiro: Civilização Brasileira, 1965.

CORRÊA, Norton F. *O Batuque do Rio Grande do Sul. Antropologia de uma religião afro-riograndense*. Porto Alegre: Editora da Universidade UFRS, 1992.

COZINHA. *O Globo*. Rio de Janeiro, 3 jul., 1974.

COZINHA BAIANA. *Tribuna da Imprensa*. Guanabara, 19 fev., 1957.

FERREIRA, Euclides Menezes. *O Candomblé no Maranhão*. São Luís: ed. do autor, 1984.

LA CONTRIBUITION DE L´AFRIQUE A LA CIVILIZATION BRESILIENNE. Brasil: Ministério das Relações Exteriores; França: SED.

LOBO, Luiz. As Mágicas de Forno e Fogão. *Revista Quatro Rodas*. São Paulo, dez. 1969.

LODY, RAUL. Alimentação Ritual. *Ciência & Trópico*. Recife: Instituto Joaquim Nabuco de Pesquisas Sociais, 1977. v. 5, nº 1, pp. 37-47, jan.

_____. *Axé da Boca: Temas de Antropologia da Alimentação*. Rio de Janeiro: ISER, 1992, 37p.

_____. Baiana: em cada Banca um Mistério. *Jornal Última Hora*, Rio de Janeiro, 10 de maio, 1980.

_____. *Baianas de Tabuleiro*. Rio de Janeiro: Prefeitura Municipal do Rio de Janeiro, 1977. 2f.

_____. Cabidela: Galinha, Sangue e Sabor. *Diário de Pernambuco*. Recife, 24 de out. 1992.

_____. *Candomblé: Religião e Resistência Cultural*. São Paulo: Ática, 1987. 85p., (Princípios; 108).

_____. Costumes Africanos no Brasil: organização, prefácio e notas. In: QUERINO, Manuel. *Costumes Africanos no Brasil*. 2. ed. Recife: Fundação Joaquim Nabuco de Pesquisas Sociais, Massangana. 251p., 1988.

_____. *Devoção e Culto a Nossa Senhora da Boa Morte: Pesquisa Sócio-religiosa*. Rio de Janeiro: Altiva; Recife: Fundação Joaquim Nabuco de Pesquisas Sociais, 1982. 30p.

_____. Festas Juninas: das Sortes, Crendices e Iguarias. *Revista Desfile*. Rio de Janeiro: Bloch, nº 237, 1989.

_____. *O atabaque no Candomblé Baiano*. Rio de Janeiro: Funarte (Série Instrumentos Musicais Afro-Brasileiros; 1), 1989.

_____. *O Dendê e a Comida Afro-Brasileira*. Recife: Instituto Joaquim Nabuco de Pesquisas Sociais – Departamento de Antropologia (Micromonografias Folclóricas; 43), 1977.

_____. O doce sabor do Carnaval. *Diário de Pernambuco*, Recife, 28 de fev., 1992.

_____. Olubajé. *O Fluminense*, Rio de Janeiro, 17 de ago. 1975.

_____. *O Povo do Santo: Religião, História e Cultura dos Orixás, Voduns, Inquices e Caboclos*. Rio de Janeiro: Pallas Editora, 1995. 260p.

_____. *Pimenta-da-Costa da África à Costa do Brasil*. Rio de Janeiro: ed. do autor. (Comunicado Aberto; 7), 1990.

_____. Um Banquete à Beira-mar. *Diário de Pernambuco*, Recife, 6 de jan., 1992.

_____. *Santo Também Come*. Rio de Janeiro: Artenova; Recife: Instituto Joaquim Nabuco de Pesquisas Sociais, 1979. 134p.

_____. *Tem Dendê, Tem Axé. Etnografia do Dendezeiro*. Rio de Janeiro: Pallas, 1993. 120p.

_____. Tem Dendê, Tem Axé. *Revista da Bahia*, Salvador: Empresa Gráfica da Bahia, ano 3, nº 16, mar. / jun. 1990.

_____. Um Mês com Sabor de Milho. *Diário de Pernambuco*, Recife, 24 de jun. 1992.

_____. Um Vermelho sobre a Luz Tropical (pitanga). *Diário de Pernambuco*, 19 jan. 1993.

_____. GEISEL. *Criação e Técnica de Oito Artesãos Brasileiros*. Brasília: Fundação Cultural do Distrito Federal; Rio de Janeiro: Funarte, 1979.

MAGALHÃES, Elyette Guimarães de. *Orixás da Bahia*. Salvador: ed. do autor, 1973.

PEREIRA, Carlos José da Costa. *A Cerâmica Popular da Bahia*. Salvador: UFBA, 1957.

QUERINO, Manuel. *A Arte Culinária na Bahia*. Salvador: Progresso, 1957.

RAIMUNDA QUER VENDER ACARAJÉ NA PRAÇA. Acervo do Norte. *Diário da Noite,* São Paulo, 29 ago., 1969.

SPARTA, Francisco. *A Dança dos Orixás*. São Paulo: Herder, 1970.

VARELLA, João Sebastião das Chagas. *Cozinha de Santo*. Rio de Janeiro: Espiritualista, 1973.

Dicionário de arte sacra & técnicas afro-brasileiras

Raul Lody

Descrição de 1.407 verbetes, , divididos em oito temas, relacionados às técnicas utilizadas em terreiros de religiões afro-brasilerias.

Cód. 2194 314 p. 1ª ed.

Tem dendê, tem axé
Etnografia do dendezeiro

Raul Lody

Estudo enfocando o dendezeiro como "árvore plural" para o povo-do-santo. Descreve usos e funções do azeite, taliscas, folhas e frutos.

Cód. 2130 136 p. 1ª ed.

Omindarewa: uma francesa no candomblé

Michel Dion

O texto, originalmente editado na França, faz um registro da vida, dentro e fora do candomblé, da conceituada Ialorixá Omindarewá.

Cód. 2227 180 p. 1ª ed.

Negritude sem etnicidade

Livio Sansone

Com base em 15 anos de pesquisa na Bahia, no Rio, no Suriname e na Holanda, Livio Sansone indaga sobre as formas específicas que "raça" e etnicidade assumem no Brasil e no resto da América Latina.

Cód. 2280 352 p. 1ª ed.

Negras, mulheres e mães
Lembranças de Olga de Alaketu

Teresinha Bernardo

O livro de Teresinha Bernardo, *Negras, Mulheres e Mães*, que foi sua tese de livre-docência, é uma antropologia das relações raciais no Brasil, orientada segundo dois eixos: gênero e religiosidade.

Cód. 2278 200 p. 1ª ed.

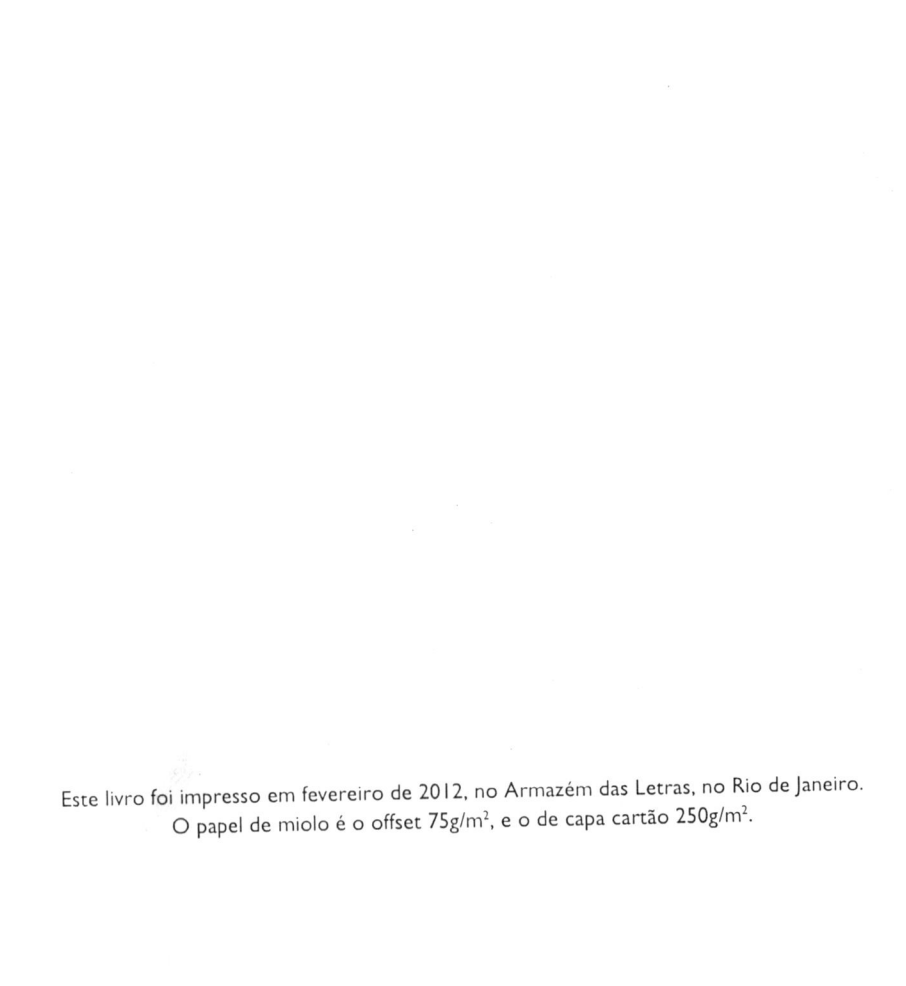

Este livro foi impresso em fevereiro de 2012, no Armazém das Letras, no Rio de Janeiro.
O papel de miolo é o offset 75g/m², e o de capa cartão 250g/m².